진찌 중국어

교과서에 나오지 않는 생동감 1000%
리얼 중국어

성구현, 진준 지음

PAGODA Books

진짜 ✌ 중국어

초판   1쇄 인쇄 2020년 8월 24일
초판   4쇄 발행 2023년 5월   2일

지 은 이 | 성구현, 진준
펴 낸 이 | 박경실
펴 낸 곳 | **PAGODA Books** 파고다북스
출판등록 | 2005년 5월 27일 제 300-2005-90호
주   소 | 06614 서울특별시 서초구 강남대로 419, 19층(서초동, 파고다타워)
전   화 | (02) 6940-4070
팩   스 | (02) 536-0660
홈페이지 | www.pagodabook.com

저작권자 | ⓒ 2020 성구현, 진준, 파고다 아카데미

ISBN 978-89-6281-858-1(13720)

파고다북스	www.pagodabook.com
파고다 어학원	www.pagoda21.com
파고다 인강	www.pagodastar.com
테스트 클리닉	www.testclinic.com

❚ 낙장 및 파본은 구매처에서 교환해 드립니다.

머리말

안녕하세요 여러분, 진짜중국어 성구현·진준입니다. 이 글을 보시고 저희 목소리가 떠오르신다면 요즘 말로 찐 구독자분들이시네요. 머리말을 쓰는 지금 이 기분은 과장을 아주 조금 보태서 말씀드린다면 꿈 하나가 이루어지는 순간인 것 같습니다. 처음 진짜중국어 콘텐츠를 유튜브에 업로드할 때 정말 이렇게 빨리 구독자 수가 늘 줄은 몰랐으며 농담 반 진담 반으로 서로 얘기했던 책 출판이 현실이 될 줄은 더더욱 예상하지 못했답니다.

이 모든 게 우리 구독자분들의 열렬한 응원 및 사랑 덕분입니다. 진심입니다. 뻔한 중국어 교재가 되지 않기 위해, 뻔한 설명 및 예문들이란 느낌을 드리지 않기 위해 열심히 노력했습니다. 각 단원에 있는 QR 코드는 반드시 스캔하셔서 많이 많이 따라 읽어 주시고, 동영상도 꼭 시청해주셨으면 합니다. 저희의 야심작이니까 꼭 봐주셔야 해요. 약속!

진짜 중국어 영상을 찍으면서 저희 둘 사이를 빠오즈(包子)와 쟈오즈(饺子)로 빗대어 말씀드린 적이 있습니다. 빠오즈 같은 성구현은 둥글둥글 성격과 넉살이 좋고, 겉은 소박하지만 속은 꽉 찬 진국입니다. 쟈오즈 같은 진준은 올곧고 외골수처럼 보이지만 그래도 나름 굽힐 줄 압니다. 빠오즈가 있기에 쟈오즈가 특별한 거고, 쟈오즈가 있기에 빠오즈가 더 사랑받는 것 같습니다.

앞으로 저희 둘은 여러분의 중국어 실력 업그레이드에 조금이나마 도움이 될 수 있도록 항상 초심을 잃지 않고 노력하는 모습 보여드리겠습니다.

이 교재가 서점에 나올 수 있도록 해주신 박경실 회장님, 고루다 대표님 이재호 실장님, 진짜중국어 채널 탄생의 주역 김정수 팀장님, 김미영 매니저님, 마지막으로 이 책의 출간을 위해 애써주신 안현숙 팀장님과 파고다북스 출판 크루분들께 머리 숙여 감사의 말씀을 전합니다.

2020. 08

성구현·진준

진짜 중국어 미리 보기

성구현·진준의 영상 바로 보기

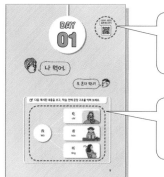

꿀잼 보장!
성구현·진준이 직접 녹음한 MP3 파일입니다.
꼭! 스캔하여 큰소리로 여러 번 따라 읽어 보세요.

미리 보는 핵심 패턴!
그날 배울 핵심 패턴을 그림과 함께 도식화하여
이해하기 쉽게 정리해 놓았습니다.

이보다 더 쉬울 순 없다!
한 번만 읽어도 머리 속에 쏙쏙 들어오는
성구현 쌤의 패턴설명입니다.

이것만은 꼭!
반드시 알아야 하는 그날 패턴의 기본 문장을
넣었습니다. 꼭 외우셔야 해요!

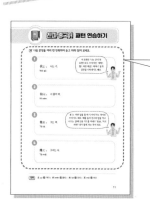

진짜 중국어!
실제 중국에서 사용하거나, 유행하는 표현만 모아서
진준 쌤의 친절한 설명과 함께 배웁니다.

현장에서 바로 써먹자!

해당 패턴이 들어간 문장을 대화로 배워봅니다.
성구현 · 진준의 리얼한 상황극은 덤으로 드릴게요.

스스로 실력 점검!

10과 단위로 제공되는 연습문제를 풀어보면서
자신의 실력을 점검하세요.

성구현의 중국어 교실!

오프라인 수업에서 학생들이 자주 틀리는
주제들만 엄선하여, 헷갈리지 않는 꿀팁을
전수해 드립니다.

진짜 중국어로 중국어 마스터하는 방법

STEP 1	그날의 핵심 패턴을 읽어보면서 무슨 의미인지 생각해 보세요.
STEP 2	성구현 · 진준의 진짜 중국어 영상을 보면서 핵심 내용을 이해하세요.
STEP 3	성구현 · 진준의 MP3를 들으며 여러 번 따라 말하세요.
STEP 4	10과 단위로 제시되는 연습문제를 통해 자신의 실력을 점검하세요.

목차

중급 뽀개기 177

부록: 중국어의 발음 261

연습문제 정답 272

DAY 01

성구현·진준의
음원 바로 듣기

나 먹어.

또 혼자 먹냐!

☑ 다음 제시된 내용을 보고, 학습 전에 문장 구조를 익혀 보세요.

吃
chī

看
kàn

听
tīng

我
Wǒ

진짜 중국어 패턴

☑ 앞에 제시된 표현을 생각하며 오늘의 패턴을 익혀보세요.

중국어의 한 글자 동사

중국어에서 한 글자 동사는 정말 많아요. 오늘 함께 공부해 봐요.
주어와 동사로 이루어진 문장을 '동사 술어문'이라고 하는데요,
'나는 먹어, 나는 마셔'처럼 '주어가 동사한다'의 의미예요.
한국어와 동일한 어순이어서 무척 쉽죠?

● 5번 반복해서 큰 소리로 읽습니다. ☐1 ☐2 ☐3 ☐4 ☐5

상황 1

我吃。 나는 먹어.
Wǒ chī.

상황 2

他看。 그는 봐.
Tā kàn.

상황 3

她听。 그녀는 들어.
Tā tīng.

단어 吃 chī 통 먹다 | 看 kàn 통 보다 | 听 tīng 통 듣다

진짜 중국어 패턴 연습하기

☑ 다음 문장을 여러 번 반복하여 듣고 따라 읽어 보세요.

1

我去。　나는 가.
Wǒ qù.

> 이 표현은 '나는 간다'의 표현으로도 쓰이지만, '대박!, 헐!, 이런 제길!, 어머나' 등의 감탄을 나타내기도 해요.

2

你问。　너 물어 봐.
Nǐ wèn.

3

他来。　그는 와.
Tā lái.

> '来'는 어떤 일을 할 때 '나서다'라는 의미로 쓰이기도 해요. 예를 들어 친구와 밥을 먹고 나오는 길에 신용 카드를 꺼내고 '我来。'라고 하면 '내가 낼게.'라는 뜻이 되죠.

4

她买。　그녀는 사.
Tā mǎi.

 단어 　去 qù 동 가다 | 问 wèn 동 묻다 | 来 lái 동 오다 | 买 mǎi 동 사다

11

진짜 중국어 상황 회화

☑ 상황 회화를 통해 다시 한 번 패턴을 익혀 보세요.

 상황 ❶

我吃。
Wǒ chī.
나는 먹어

我也吃。
Wǒ yě chī.
나도 먹어.

'也 yě'는 '~도', '역시'라는 뜻이에요.

 상황 ❷

今天下雨。
Jīntiān xià yǔ.
오늘 비와.

我去!
Wǒ qù!
이런 제길!

단어 | 也 yě (부) ~도, 또한 | 今天 jīntiān (명) 오늘 | 下雨 xià yǔ (동) 비가 오다

DAY 02

성구현·진준의
음원 바로 듣기

나 술 마셔.

왜 그래 형, 무슨 일 있어?

☑ 다음 제시된 내용을 보고, 학습 전에 문장 구조를 익혀 보세요.

吃 chī	饭 fàn

喝 hē	酒 jiǔ

看 kàn	电影 diànyǐng

진짜 중국어 패턴

☑ 앞에 제시된 표현을 생각하며 오늘의 패턴을 익혀보세요.

드디어 목적어가!

중국어에는 '은/는/이/가'와 같은 조사가 없어요. 우리가 임으로 만들어서 외우도록 해요. 즉 'A吃B'는 'A가 B를 먹다'의 뜻이에요.

● 5번 반복해서 큰 소리로 읽습니다.　　1 2 3 4 5

상황 1

我吃饭。　나는 밥을 먹어.
Wǒ chī fàn.

상황 2

他喝酒。　그는 술을 마셔.
Tā hē jiǔ.

상황 3

她们看电影。　그녀들은 영화를 봐.
Tāmen kàn diànyǐng.

단어　饭 fàn 몡 밥 ｜ 喝 hē 동 마시다 ｜ 酒 jiǔ 몡 술 ｜ 电影 diànyǐng 몡 영화

진짜 중국어 패턴 연습하기

☑ 다음 문장을 여러 번 반복하여 듣고 따라 읽어 보세요.

1

我买手机。 나는 휴대 전화를 사.

Wǒ mǎi shǒujī.

2

你来我家干什么*?

Nǐ lái wǒ jiā gàn shénme?

우리 집에는 왜 왔니?

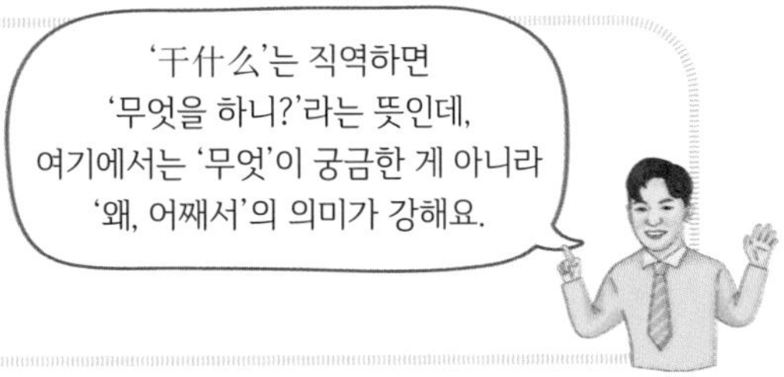
'干什么'는 직역하면
'무엇을 하니?'라는 뜻인데,
여기에서는 '무엇'이 궁금한 게 아니라
'왜, 어째서'의 의미가 강해요.

3

她听音乐。 그녀는 음악을 들어.

Tā tīng yīnyuè.

4

我学开飞机。 나는 비행기 운전하는 걸 배워.

Wǒ xué kāi fēijī.

[단어] 手机 shǒujī [명] 휴대 전화 | 家 jiā [명] 집 | 干 gàn [동] 하다 | 什么 shénme [대] 무엇 | 音乐 yīnyuè [명] 음악 | 学 xué [동] 학습하다 | 开 kāi [동] 운전하다, 몰다 | 飞机 fēijī [명] 비행기

진짜 중국어 상황 회화

☑ 상황 회화를 통해 다시 한 번 패턴을 익혀 보세요.

상황 1

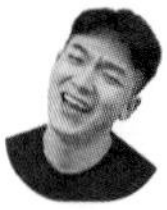

我吃饭，你呢？
Wǒ chī fàn, nǐ ne?
나 밥 먹어, 너는?

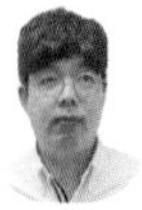

我最近胖了，你自己吃吧！
Wǒ zuìjìn pàng le, nǐ zìjǐ chī ba!
나 요즘 살쪘어, 너나 먹어!

상황 2

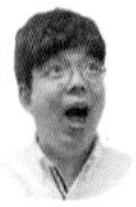

我学汉语，你呢？
Wǒ xué Hànyǔ, nǐ ne?
나 중국어 배워, 너는?

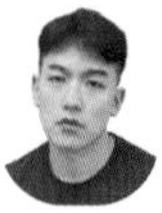

学什么呀！汉语有用吗？*
Xué shénme ya! Hànyǔ yǒu yòng ma?
배우긴 뭘 배워! 중국어가 쓸모가 있니?

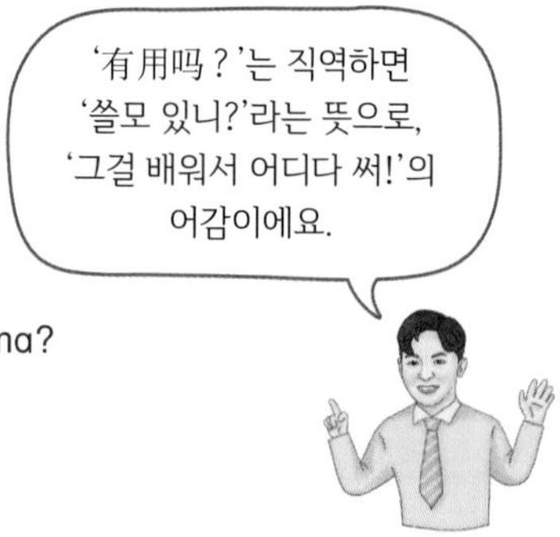
'有用吗？'는 직역하면
'쓸모 있니?'라는 뜻으로,
'그걸 배워서 어디다 써!'의
어감이에요.

[단어] 呢 ne [조] ~는요? | 最近 zuìjìn [명] 최근 | 胖 pàng [형] 살찌다 | 自己 zìjǐ [대] 혼자, 스스로 | 汉语 Hànyǔ [명] 중국어 | 有用 yǒu yòng [동] 쓸모가 있다, 유용하다

DAY 03

성구현·진준의
음원 바로 듣기

나 책 안 사.

책 좀 봐...

☑ 다음 제시된 내용을 보고, 학습 전에 문장 구조를 익혀 보세요.

不
bù

买
mǎi

吃
chī

参加
cānjiā

17

진짜 중국어 패턴

☑ 앞에 제시된 표현을 생각하며 오늘의 패턴을 익혀보세요.

동사 앞에 '不'를 사용하면 부정문

'안 먹어!'는 '不吃!', '안 사!'는 '不买!'라고 해요.
한국어와 어순이 똑같죠.
'不'는 단독으로도 사용이 가능해요.
'不!'라고 말하면 영어의 'NO!'와 의미가 같아요.

● 5번 반복해서 큰 소리로 읽습니다.   1 2 3 4 5

상황 1

我不买书。 나는 책을 사지 않아.
Wǒ bù mǎi shū.

상황 2

她不吃水果。 그녀는 과일을 먹지 않아.
Tā bù chī shuǐguǒ.

상황 3

我们不参加会议。 우리는 회의에 참석하지 않아.
Wǒmen bù cānjiā huìyì.

단어 书 shū 몡 책 | 水果 shuǐguǒ 몡 과일 | 参加 cānjiā 됭 참석하다 | 会议 huìyì 몡 회의

진짜 중국어 패턴 연습하기

☑ 다음 문장을 여러 번 반복하여 듣고 따라 읽어 보세요.

1

我不*看短信。 나는 문자 메시지를 안 봐.

Wǒ bú kàn duǎnxìn.

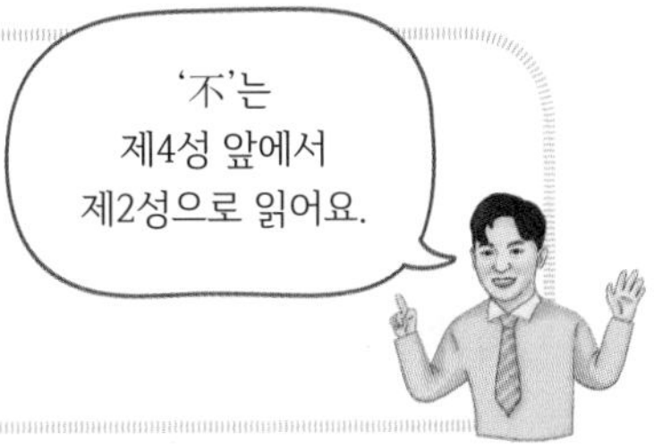

'不'는
제4성 앞에서
제2성으로 읽어요.

2

他不接我电话。 그는 내 전화를 받지 않아.

Tā bù jiē wǒ diànhuà.

3

他不吃不喝。 그는 먹지도 마시지도 않아.(식음을 전폐했어.)

Tā bù chī bù hē.

4

我们不谈工作。 우리는 일 얘기는 하지 않아. (일 얘기 꺼내지 마.)

Wǒmen bù tán gōngzuò.

[단어] 看 kàn [동] 보다 | 短信 duǎnxìn [명] 문자 메시지 | 接 jiē [동] 받다 | 电话 diànhuà [명] 전화 | 谈 tán [동] 이야기하다 | 工作 gōngzuò [명] 일, 직업

진짜 중국어 상황 회화

☑ 상황 회화를 통해 다시 한 번 패턴을 익혀 보세요.

상황 1

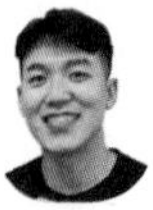

我们去开会吧*。
Wǒmen qù kāi huì ba.
우리 회의하러 가자.

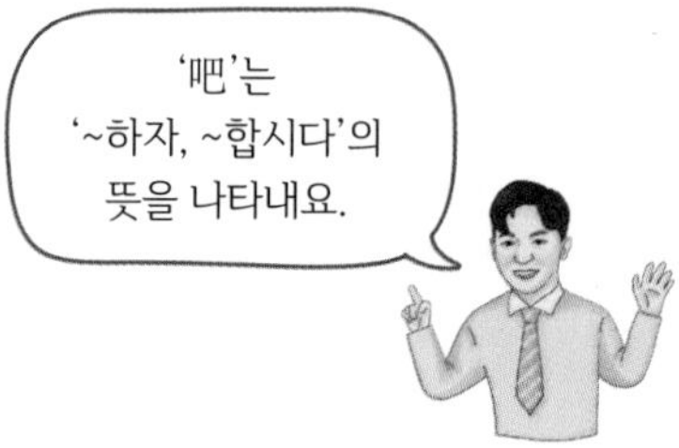
'吧'는
'~하자, ~합시다'의
뜻을 나타내요.

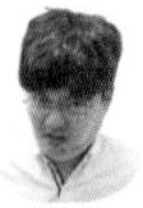

开什么会！周末我不谈工作。
Kāi shénme huì! Zhōumò wǒ bù tán gōngzuò.
미팅은 무슨! 주말에 일 얘기 하지마.

상황 2

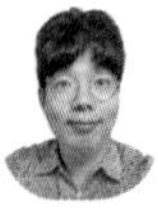

我不坐地铁，也不坐公交车。
Wǒ bú zuò dìtiě, yě bú zuò gōngjiāochē.
나는 지하철 안 타고, 버스도 안 타.

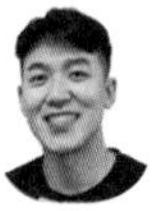

我也不坐，我自己开车。
Wǒ yě bú zuò, wǒ zìjǐ kāi chē.
나도 그래, 나는 직접 운전해.

[단어] 开会 kāi huì [동] 회의를 하다 | 吧 ba [조] ~하자 | 周末 zhōumò [명] 주말 | 坐 zuò [동] 타다 | 地铁 dìtiě [명] 지하철 | 公交车 gōngjiāochē [명] 버스

DAY 04

성구현·진준의
음원 바로 듣기

너 코트 입어?

형 지금 여름인데, 무슨…

✅ 다음 제시된 내용을 보고, 학습 전에 문장 구조를 익혀 보세요.

写
xiě

找
zhǎo

上班
shàng bān

吗?
ma?

진짜 중국어 패턴

☑ 앞에 제시된 표현을 생각하며 오늘의 패턴을 익혀보세요.

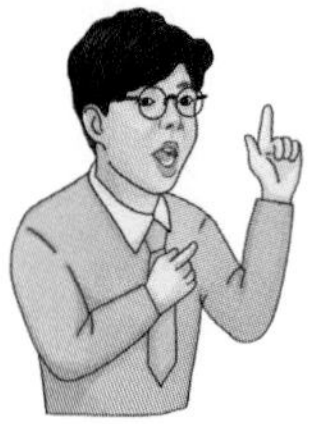

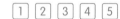

'吗' 의문문 정복하기

의문문은 너무 간단해요. 문장 끝에 '吗'만 붙이면 되죠.
그런데 읽을 때 앞 글자의 성조에 영향을 받으니, 꼭 음원 들으면서 연습하는 거 잊지 마세요.

● 5번 반복해서 큰 소리로 읽습니다. [1] [2] [3] [4] [5]

상황 1

你写邮件吗? 너 이메일 쓰니?

Nǐ xiě yóujiàn ma?

상황 2

他找充电器吗? 그는 충전기 찾니?

Tā zhǎo chōngdiànqì ma?

상황 3

她今天上班吗? 그녀는 오늘 출근하니?

Tā jīntiān shàng bān ma?

[단어] 写 xiě [동] 쓰다 | 邮件 yóujiàn [명] 이메일 | 找 zhǎo [동] 찾다 | 充电器 chōngdiànqì [명] 충전기 | 今天 jīntiān [명] 오늘 | 上班 shàng bān [동] 출근하다

진짜 중국어 패턴 연습하기

☑ 다음 문장을 여러 번 반복하여 듣고 따라 읽어 보세요.

1

你说我吗?　너 지금 나에 대해서 말한 거니?

Nǐ shuō wǒ ma?

2

你吃香菜吗?　너 고수 먹어?

Nǐ chī xiāngcài ma?

3

她用微信吗?　그녀는 위챗을 쓰니?

Tā yòng wēixìn ma?

4

你抽烟吗?　너 담배 피우니?

Nǐ chōu yān ma?

단어　香菜 xiāngcài 명 고수 ｜ 用 yòng 동 쓰다, 사용하다 ｜ 微信 wēixìn 위챗(중국 메신저) ｜
抽烟 chōu yān 동 담배 피우다

진짜 중국어 상황 회화

☑ 상황 회화를 통해 다시 한 번 패턴을 익혀 보세요.

상황 ①

你今天去吗?
Nǐ jīntiān qù ma?
너는 오늘 가니?

你说公司吗?
Nǐ shuō gōngsī ma?
회사를 말하는 거야?

상황 ②

你穿秋裤吗?
Nǐ chuān qiūkù ma?
너는 내복을 입니?

当然了! 你想冻死吗?
Dāngrán le! Nǐ xiǎng dòng sǐ ma?
당연하지! 얼어 죽고 싶어?

'A+死(了)'의 표현은 'A 해서 죽겠다'의 뜻을 나타내요.

단어 秋裤 qiūkù 몡 내복 ┃ 当然 dāngrán 혱 당연하다, 물론이다 ┃ 想 xiǎng 조동 ~하고 싶다
┃ 冻 dòng 동 얼다, 춥다 ┃ 死 sǐ 동 ~해 죽겠다, 죽다

DAY 05

성구현·진준의
음원 바로 듣기

나 바빠.

아이고,, 바쁜 척은!

☑ 다음 제시된 내용을 보고, 학습 전에 문장 구조를 익혀 보세요.

很
hěn

忙
máng

累
lèi

饿
è

진짜 중국어 패턴

☑ 앞에 제시된 표현을 생각하며 오늘의 패턴을 익혀보세요.

형용사 앞에 습관적으로 붙는 '很'

형용사가 술어의 역할을 하는 문장을 배울 거예요. 영어의 'be동사'처럼 '~이다'의 뜻을 나타내는 표현이 필요 없죠. 긍정은 앞에 '很', 부정은 앞에 '不'를 붙여요.

● 5번 반복해서 큰 소리로 읽습니다.　　　　　1 2 3 4 5

상황 1

我很忙。　나는 바빠.

Wǒ hěn máng.

상황 2

爸爸不累。　아빠는 피곤하지 않아.

Bàba bú lèi.

상황 3

你们饿吗?　너희는 배고프니?

Nǐmen è ma?

단어) 很 hěn ⑤ 매우 ｜ 忙 máng ⑨ 바쁘다 ｜ 爸爸 bàba ⑩ 아빠 ｜ 累 lèi ⑨ 피곤하다 ｜ 饿 è
⑨ 배고프다

☑ 다음 문장을 여러 번 반복하여 듣고 따라 읽어 보세요.

1

我很漂亮。　나는 예뻐.
Wǒ hěn piàoliang.

2

成老师很可爱。　성 쌤은 귀여워. (자세히 보면..)
Chéng lǎoshī hěn kě'ài.

3

南方冬天不冷。　남방은 겨울에 춥지 않아.
Nánfāng dōngtiān bù lěng.

4

大家开心吗?　너희는 즐겁니?
Dàjiā kāi xīn ma?

단어 　漂亮 piàoliang 형 예쁘다 ｜ 老师 lǎoshī 명 선생님 ｜ 可爱 kě'ài 형 귀엽다 ｜ 南方 nánfāng 명 남방 ｜ 冬天 dōngtiān 명 겨울 ｜ 冷 lěng 형 춥다 ｜ 大家 dàjiā 대 모두 ｜ 开心 kāi xīn 형 즐겁다

27

진짜 중국어 상황 회화

☑ 상황 회화를 통해 다시 한 번 패턴을 익혀 보세요.

상황 ❶

你们公司工资高吗?
Nǐmen gōngsī gōngzī gāo ma?
너희 회사 급여가 높니?

你怎么突然问这个, 我不说。
Nǐ zěnme tūrán wèn zhè ge, wǒ bù shuō.
너 왜 갑자기 이런 걸 물어, 나 얘기 안 할래.

상황 ❷

你很累吗? 帮帮我吧。
Nǐ hěn lèi ma? Bāngbang wǒ ba.
너 피곤하니? 나 좀 도와줘.

我很累, 很困。
Wǒ hěn lèi, hěn kùn.
나 피곤하고, 졸려.

단어 工资 gōngzī 圐 급여, 월급 | 怎么 zěnme 틘 왜, 어째서 | 突然 tūrán 틘 갑자기 | 这个 zhè ge 떼 이, 이것 | 帮 bāng 통 돕다 | 困 kùn 통 졸리다

DAY 06

성구현·진준의
음원 바로 듣기

너 직장인이야?

난 학생, 언제 취업하지...

☑ 다음 제시된 내용을 보고, 학습 전에 문장 구조를 익혀 보세요.

学生
xuésheng

是
shì

医生
yīshēng

上班族
shàngbānzú

29

진짜 중국어 패턴

☑ 앞에 제시된 표현을 생각하며 오늘의 패턴을 익혀보세요.

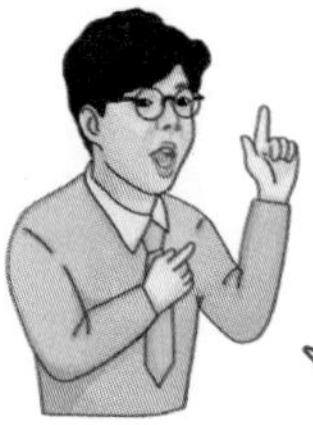

是 [shì] 입니다

'是 shì'는 '~이다'라는 뜻이고, '~이(가) 아니라'라고 할 때는 앞에 '不'를 붙여요. 주어와 목적어가 명사일 때는 '是'을 동사로 사용하지만, 형용사가 술어일 때는 절대로 사용하면 안 돼요.

中国是很大。（×）
Zōngguó shì hěn dà.

● 5번 반복해서 큰 소리로 읽습니다. [1] [2] [3] [4] [5]

상황 1

我是学生。 나는 학생이야.
Wǒ shì xuésheng.

상황 2

他不是医生。 그는 의사가 아니야.
Tā bú shì yīshēng.

상황 3

她是上班族吗? 그녀는 직장인이니?
Tā shì shàngbānzú ma?

[단어] 是 shì [동] ~이다 | 学生 xuésheng [명] 학생 | 医生 yīshēng [명] 의사 | 上班族 shàngbānzú [명] 직장인

진짜 중국어 패턴 연습하기

☑ 다음 문장을 여러 번 반복하여 듣고 따라 읽어 보세요.

1

我是老师，你是学生。　나는 선생이고, 너는 학생이야.
Wǒ shì lǎoshī, nǐ shì xuésheng.

2

我们是大学生。　우리는 대학생이야.
Wǒmen shì dàxuéshēng.

3

他不是我朋友。　그는 내 친구가 아니야.
Tā bú shì wǒ péngyou.

4

> '网红'은 주로 SNS를 통해 인기를 얻은 사람을 일컫는 말이에요.

他是网红*吗?　저 사람은 셀럽이야?
Tā shì wǎnghóng ma?

단어 老师 lǎoshī 뗑 선생님 | 大学生 dàxuéshēng 뗑 대학생 | 网红 wǎnghóng 뗑 인터넷 스타, 셀럽

31

진짜 중국어 상황 회화

☑ 상황 회화를 통해 다시 한 번 패턴을 익혀 보세요.

상황 1

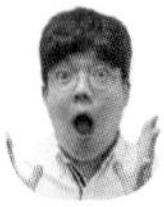

你是哥哥吗?
Nǐ shì gēge ma?
너는 형이야?

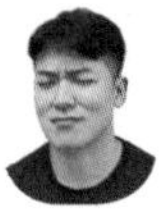

不，我是弟弟！
Bù, wǒ shì dìdi!
아니, 나는 남동생이야!

상황 2

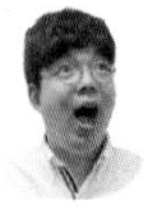

哇！*好帅啊！他是明星吗？是演员吗？
Wā! Hǎo shuài a! Tā shì míngxīng ma? Shì yǎnyuán ma?
세상에! 정말 잘생겼다! 그는 연예인이야? 배우야?

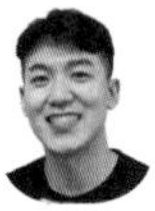

是，他是明星，但是他是歌手。
Shì, tā shì míngxīng, dànshì tā shì gēshǒu.
응, 그는 연예인이야, 하지만 그는 가수야.

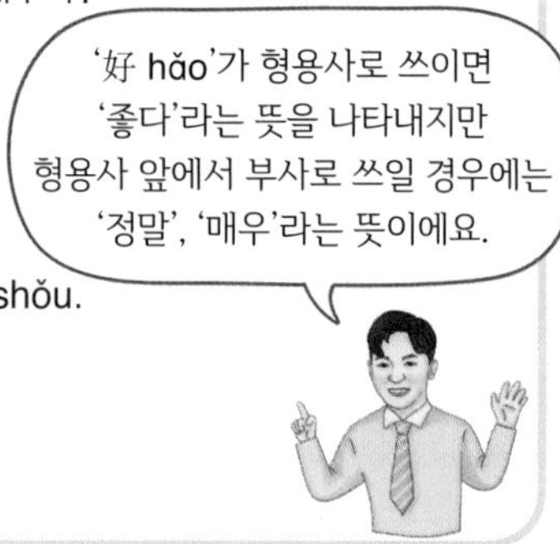
'好 hǎo'가 형용사로 쓰이면
'좋다'라는 뜻을 나타내지만
형용사 앞에서 부사로 쓰일 경우에는
'정말', '매우'라는 뜻이에요.

[단어] 哥哥 gēge [명] 형, 오빠 | 弟弟 dìdi [명] 남동생 | 好 hǎo [부] 꽤, 아주 | 帅 shuài [형] 잘생기다 | 明星 míngxīng 연예인, 스타 | 演员 yǎnyuán [명] 배우 | 歌手 gēshǒu [명] 가수

이것은 내 지갑이야.

누가 뭐래?

☑ 다음 제시된 내용을 보고, 학습 전에 문장 구조를 익혀 보세요.

钱包
qiánbāo

我
Wǒ

的
de

学生
xuésheng

苹果
píngguǒ

진짜 중국어 패턴

☑ 앞에 제시된 표현을 생각하며 오늘의 패턴을 익혀보세요.

的 [de] ~의

'的'는 일반적으로 뒤에 오는 명사를 꾸며줘요. '나의 학생', '똑똑한 진준', '밥 먹는 구현' 이런 형태의 표현만 기억하시면 '的'를 잘 사용할 수 있어요.

● 5번 반복해서 큰 소리로 읽습니다.

상황 1

这是我的钱包。   이것은 내 지갑이야. (이것은 나의 지갑이야.)
Zhè shì wǒ de qiánbāo.

상황 2

他是聪明的学生。   그는 똑똑한 학생이야.
Tā shì cōngming de xuésheng.

상황 3

妈妈买的苹果很好吃。   엄마가 산 사과는 맛있어.
Māma mǎi de píngguǒ hěn hǎochī.

단어 这 zhè ㈐ 이, 이것 | 的 de ㈜ ~의, ~한 | 钱包 qiánbāo ㈐ 지갑 | 聪明 cōngming ㈅
똑똑하다, 총명하다 | 苹果 píngguǒ ㈐ 사과

진짜 중국어 패턴 연습하기

☑ 다음 문장을 여러 번 반복하여 듣고 따라 읽어 보세요.

1

那*是他的手表。　그것은 그의 손목시계야.
Nà shì tā de shǒubiǎo.

'那'는 멀리 있는 사람 또는 사물을 가리켜요.

2

香港的夜景很美。　홍콩의 야경은 아름다워.
Xiānggǎng de yèjǐng hěn měi.

3

这是今年的新款，非常贵。　이거 올해 신상이야, 아주 비싸.
Zhè shì jīnnián de xīnkuǎn, fēicháng guì.

4

他唱的歌很好听。　그가 부른 노래는 듣기 좋아. (노래를 잘 불러.)
Tā chàng de gē hěn hǎotīng.

단어　那 nà 때 그것, 저것 | 手表 shǒubiǎo 명 손목시계 | 香港 Xiānggǎng 고유 홍콩(지명) |
夜景 yèjǐng 명 야경 | 美 měi 형 아름답다 | 新款 xīnkuǎn 명 신상품, 새로운 스타일 |
非常 fēicháng 부 매우, 아주 | 唱 chàng 동 부르다 | 歌 gē 명 노래

35

진짜 중국어 상황 회화

상황 회화를 통해 다시 한 번 패턴을 익혀 보세요.

상황 1

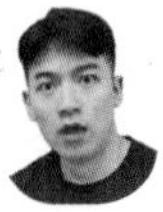

这是你的钱包吗?
Zhè shì nǐ de qiánbāo ma?
이것은 네 지갑이니?

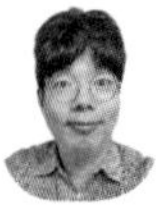

是我的。
Shì wǒ de.
내 거야.

'的' 뒤의 명사가 무엇을 이야기하는지 알 수 있을 경우 명사를 생략할 수 있어요.

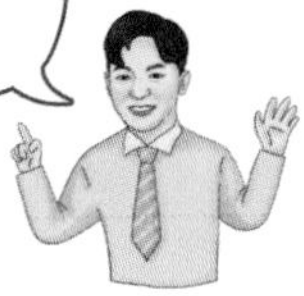

상황 2

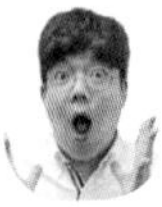

她是你喜欢的人吗?
Tā shì nǐ xǐhuan de rén ma?
그녀는 네가 좋아하는 사람이야?

'怎么可能'은 '怎么' 때문에 질문인 것 같지만, 여기서는 일종의 관용 표현으로 '그럴 리가 없다' 라는 강한 부정을 나타내요. '才'가 부정문과 함께 쓰이면 '아니다'의 어감을 '아니거든!'의 강조의 어감으로 바꿔줘요.

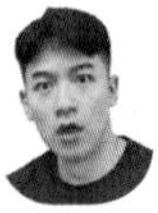

怎么可能! 你开玩笑吗? 才不是!
Zěnme kěnéng! Nǐ kāi wánxiào ma? Cái bú shì!
그럴 리가! 너 지금 장난해? 아니거든!

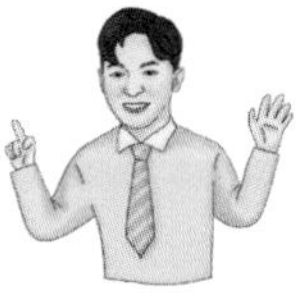

[단어] 可能 kěnéng [형] 가능하다 | 开玩笑 kāi wánxiào 농담하다 | 才 cái [부] ~에야 비로소

DAY 08

성구현·진준의
음원 바로 듣기

나 형 있어.

형, 여동생 있다고 했잖아!

☑ 다음 제시된 내용을 보고, 학습 전에 문장 구조를 익혀 보세요.

时间
shíjiān

有
yǒu

零钱
língqián

女朋友
nǚpéngyou

37

진짜 중국어 패턴

☑ 앞에 제시된 표현을 생각하며 오늘의 패턴을 익혀보세요.

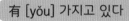

有 [yǒu] 가지고 있다

'有 yǒu'는 '있다'의 뜻이 아니고, '~을(를) 가지고 있다'의 뜻이에요. '없다'라는 의미의 부정 표현은 '不有'가 아니라 '没有'인 점에 주의하세요.

● 5번 반복해서 큰 소리로 읽습니다.    1 2 3 4 5

상황 1

我有女朋友。 나는 여자 친구가 있어.
Wǒ yǒu nǚpéngyou.

상황 2

她没有零钱。 그녀는 잔돈이 없어.
Tā méiyǒu língqián.

상황 3

你今天有时间吗? 너 오늘 시간 있니?
Nǐ jīntiān yǒu shíjiān ma?

진짜 중국어 패턴 연습하기

☑ 다음 문장을 여러 번 반복하여 듣고 따라 읽어 보세요.

1

我有钱。 나 돈이 있어.
Wǒ yǒu qián.

이 표현은 '돈이 있다'라는 뜻도 되지만, '돈이 많다', '부자이다'의 의미로도 많이 쓰여요.

2

你有计划。 너는 계획이 있구나.
Nǐ yǒu jìhuà.

3

你真没有头脑！ 너는 정말 바보 같아!
Nǐ zhēn méiyǒu tóunǎo!

4

见 [jiàn]을 경성으로 읽으면 더 자연스러워요.

你有意见*吗? 너 의견 있니?(하고 싶은 말 있어?)
Nǐ yǒu yìjiàn ma?

단어 钱 qián 圆 돈 | 计划 jìhuà 圆 계획 | 真 zhēn 昙 정말(로), 참으로 | 头脑 tóunǎo 圆
두뇌, 사고 능력 | 意见 yìjiàn 圆 의견

진짜 중국어 상황 회화

상황 회화를 통해 다시 한 번 패턴을 익혀 보세요.

상황 1

你周末有时间吗?
Nǐ zhōumò yǒu shíjiān ma?
너 주말에 시간 있니?

对不起，我这个月都没有时间。
Duìbuqǐ, wǒ zhè ge yuè dōu méiyǒu shíjiān.
미안해, 나 이번 달에 전부 시간이 없어.

상황 2

你是独生子(独生女)吗?
Nǐ shì dúshēngzǐ(dúshēngnǚ) ma?
너 외동이니?

不是，我有哥哥和姐姐。
Bú shì, wǒ yǒu gēge hé jiějie.
아니, 나는 형과 누나가 있어.

[단어] 月 yuè [명] 달 | 都 dōu [부] 전부, 모두 | 独生子 dúshēngzǐ [명] 외동아들 | 独生女 dúshēngnǚ [명] 외동딸

DAY 09

성구현·진준의
음원 바로 듣기

나 PC방이야.

제발 집에 좀 가라.

☑ 다음 제시된 내용을 보고, 학습 전에 문장 구조를 익혀 보세요.

家
jiā

在
zài

办公室
bàngōngshì

超市
chāoshì

41

진짜 중국어 패턴

☑ 앞에 제시된 표현을 생각하며 오늘의 패턴을 익혀보세요.

A在B [A zài B] A는 B에 있다

'A在B'는 'A는 B에 있다'라는 뜻이에요.
B에는 대부분 장소가 오겠죠?
여기서 '~을(를) 가지고 있다'인 '有'와 혼동하지 않도록
주의해야 해요.

● 5번 반복해서 큰 소리로 읽습니다.   1 2 3 4 5

상황 1

我在家。   나는 집에 있어.
Wǒ zài jiā.

상황 2

他现在不在办公室。   그는 지금 사무실에 없어.
Tā xiànzài bú zài bàngōngshì.

상황 3

妈妈在超市吗?   엄마는 마트에 계시니?
Māma zài chāoshì ma?

단어   在 zài 동 ~에 있다 | 家 jiā 명 집 | 现在 xiànzài 명 지금, 현재 | 办公室 bàngōngshì
명 사무실 | 妈妈 māma 명 엄마 | 超市 chāoshì 명 마트, 슈퍼마켓

진짜 중국어 패턴 연습하기

☑ 다음 문장을 여러 번 반복하여 듣고 따라 읽어 보세요.

1

我在这里! 나는 여기에 있어!
Wǒ zài zhèli!

2

哥哥在网吧。 형(오빠)는 PC방에 있어.
Gēge zài wǎngbā.

3

你不在我心里。 너는 내 마음 속에 없어. (나는 너를 좋아하지 않아.)
Nǐ bú zài wǒ xīnli.

4

你在里面吗?* 너 안에 있어?
Nǐ zài lǐmian ma?

> 이 표현은 방안 또는 화장실 등의 앞에서 '너 아직 있어? 살아 있어? 빠진 거 아니지?' 등의 재미있는 의미로도 사용돼요.

 网吧 wǎngbā 몡 PC방 | 心里 xīnli 몡 가슴 속, 마음 속 | 里面 lǐmian 몡 안

43

진짜 중국어 상황 회화

☑ 상황 회화를 통해 다시 한 번 패턴을 익혀 보세요.

상황 ①

喂, 王丽在家吗?
Wéi, Wánglì zài jiā ma?
여보세요, 왕리 집에 있나요?

她不在家。
Tā bú zài jiā.
그녀는 집에 없어요.

'喂'의 원래 성조는 제4성 'wèi'이지만 전화상에서는 제2성 'wéi'로 발음해요.

상황 ②

咚咚, 你在里面吗?
Dōngdōng, nǐ zài lǐmian ma?
똑똑, 너 안에 있는 거야?

对啊, 我在里面, 我马上出去!
Duì a, wǒ zài lǐmian, wǒ mǎshàng chūqu!
그래, 나 안에 있어, 금방 나갈게!

단어 喂 wéi (감탄) 여보세요(전화상에서는 제2성으로 발음함) | 王丽 Wánglì (고유) 왕리(인명) | 咚咚 dōngdōng (의) 똑똑 | 马上 mǎshàng (부) 곧, 즉시 | 出去 chūqu (동) 나가다, 외출하다

DAY 10

너 알바하니?

형 시급 올려줘...

✅ 다음 제시된 내용을 보고, 학습 전에 문장 구조를 익혀 보세요.

做
zuò

运动
yùndòng

作业
zuòyè

兼职
jiānzhí

진짜 중국어 패턴

☑ 앞에 제시된 표현을 생각하며 오늘의 패턴을 익혀보세요.

做 [zuò] ~을(를) 하다

'做 zuò'는 '~을(를) 하다', '종사하다', '(글을) 짓다', '쓰다', '만들다' 등의 여러 가지 의미로 쓰일 수 있어요.

● 5번 반복해서 큰 소리로 읽습니다.   ① ② ③ ④ ⑤

상황 1

她做运动。　그녀는 운동을 해.
Tā zuò yùndòng.

상황 2

我不做作业。　나는 숙제를 하지 않아.
Wǒ bú zuò zuòyè.

상황 3

你做兼职吗?　너는 아르바이트를 하니?
Nǐ zuò jiānzhí ma?

단어 做 zuò 동 하다, 만들다 ㅣ 运动 yùndòng 명 운동 ㅣ 作业 zuòyè 명 숙제 ㅣ 兼职 jiānzhí 명 아르바이트

진짜 중국어 패턴 연습하기

☑ 다음 문장을 여러 번 반복하여 듣고 따라 읽어 보세요.

1

他做生意。　그는 장사를 해.
Tā zuò shēngyi.

2

我们做朋友吧。　우리 친구 하자. (친구가 되자.)
Wǒmen zuò péngyou ba.

3

她不做家务。　그녀는 집안일을 하지 않아.
Tā bú zuò jiāwù.

4

你做东吗?　네가 쏘는 거야?
Nǐ zuò dōng ma?

'做东'은 '주인 행세를 하다,
한턱 내다'라는 뜻으로 보통은 친구나
가까운 사이에 많이 쓰는 표현이에요.
'今天我做东!'이라고 하면
'오늘은 내가 쏜다!'라는 뜻이에요.

단어 ㅣ 生意 shēngyi 명 장사 ㅣ 家务 jiāwù 명 집안일, 가사 ㅣ 东 dōng 명 동쪽, 주인, 초대자,
주인역

진짜 중국어 상황 회화

☑ 상황 회화를 통해 다시 한 번 패턴을 익혀 보세요.

● 상황 ①

我们做朋友，怎么样？
Wǒmen zuò péngyou, zěnmeyàng?
우리 친구하자, 어때?

사람들이 흔히 자신을 소개 하거나
누구에 대한 직업을 언급하면서
'저 사람은 어떤 일을 하는 사람이야'라는
표현을 할 때 습관적으로
'A 是一个 B'라고 말해요.

好，我今年21岁，是一个大学生。
Hǎo, wǒ jīnnián 21suì, shì yí ge dàxuéshēng.
좋아, 나는 올해 21살이고, 대학생이야.

● 상황 ②

爸爸，我现在很饿。
Bàba, wǒ xiànzài hěn è.
아빠, 저 지금 배고파요.

今天没有做饭，妈妈做东，出去吃吧！
Jīntiān méiyǒu zuò fàn, māma zuò dōng, chūqu chī ba!
오늘은 밥을 안 했어, 엄마가 쏘니까, 외식하자.

단어 │ 饿 è 형 배고프다 │ 没有 méiyǒu 동 ~하지 않았다 │ 做饭 zuò fàn 동 밥을 하다

연습문제 Ⅰ

☑ 우리말에 맞게 중국어로 써 본 후 문장을 읽어 보세요.

1 나는 가. (去)

➡ _____ 。

2 나는 밥을 먹어. (吃)

➡ _____ 。

3 나는 휴대 전화를 사. (买)

➡ _____ 。

4 그는 전화를 받지 않아. (不)

➡ _____ ?

5 너 이메일 쓰니? (吗)

➡ _____ 。

6 그는 의사가 아니야. (不是)

➡ _____ 。

7 이거 올해 신상이야, 아주 비싸. (的)

➡ _____ 。

8 나는 돈이 있어. (有)

➡ _____ 。

9 형은 PC방에 있어. (在)

➡ _____ 。

10 너는 아르바이트를 하니? (做)

➡ _____ 。

➡ 정답 p.272

성쌤의 알쏭달쏭 중국어

Q '엄마 집에 없다!'를 중국어로!?

➡ 妈妈没有家。　✗ 땡!

➡ 妈妈不在家。　○

A 강의하면서 '有'와 '在'는 쉬우니까 완벽히 구분할 수 있다는 학생들도 이 질문에 90% 이상은 헷갈려 하거나 틀리는 경우가 많아요. '없다'하면 무조건 '没有'를 떠올리는 경우가 많은데, '부재'라고 생각하면 쉬울 것 같아요.

'~에 있지 않다'는 '不在', '가지고 있지 않다'는 '没有' 이 차이를 꼭 기억해 주세요~~~~

DAY 11

성구현·진준의
음원 바로 듣기

나 쟤 싫어.

쟤도 형 싫어해...

☑ 다음 제시된 내용을 보고, 학습 전에 문장 구조를 익혀 보세요.

喜欢
xǐhuan

讨厌
tǎoyàn

他
tā

照相
zhào xiàng

踢足球
tī zúqiú

51

진짜 중국어 패턴

☑ 앞에 제시된 표현을 생각하며 오늘의 패턴을 익혀보세요.

喜欢 [xǐhuan]	讨厌 [tǎoyàn]
좋아하다	싫어하다

동사 '喜欢 xǐhuan'은 '좋아하다'라는 뜻이고
동사 '讨厌 tǎoyàn'은 '싫어하다'라는 뜻이에요.
두 단어는 뒤에 명사 또는 문장이 올 수도 있어요.
이 구문을 연습할 때는 '나 좋아해 술마시는 거, 我喜欢喝酒。',
'나 좋아해 영화 보는 거 我喜欢看电影。'의 어순으로
연습하면 머리에 쏙쏙 들어와요.

● 5번 반복해서 큰 소리로 읽습니다. ☐1 ☐2 ☐3 ☐4 ☐5

상황 1

我喜欢他。 나는 그를 좋아해. | 我讨厌他。 나는 그를 싫어해.
Wǒ xǐhuan tā. | Wǒ tǎoyàn tā.

상황 2

我不喜欢照相。 나는 사진 찍는 것을 좋아하지 않아.
Wǒ bù xǐhuan zhào xiàng.

상황 3

你讨厌踢足球吗? 너는 축구 하는 걸 싫어하니?
Nǐ tǎoyàn tī zúqiú ma?

단어 喜欢 xǐhuan 동 좋아하다 | 讨厌 tǎoyàn 동 싫어하다 | 照相 zhào xiàng 동 사진을 찍다
| 踢 tī 동 차다 | 足球 zúqiú 명 축구

진짜 중국어 패턴 연습하기

☑ 다음 문장을 여러 번 반복하여 듣고 따라 읽어 보세요.

1

我喜欢夏天，讨厌冬天。　나는 여름을 좋아하고, 겨울은 싫어해.
Wǒ xǐhuan xiàtiān, tǎoyàn dōngtiān.

2

他讨厌做运动。　그는 운동하는 걸 싫어해.
Tā tǎoyàn zuò yùndòng.

3

我不喜欢看书，看书很困。
Wǒ bù xǐhuan kàn shū, kàn shū hěn kùn.
나는 책 보는 걸 좋아하지 않아, 책 보는 건 졸려.

4

你喜欢一个人看电影吗?　너는 혼자 영화 보는 것을 좋아하니?
Nǐ xǐhuan yí ge rén kàn diànyǐng ma?

단어　夏天 xiàtiān 몡 여름 | 冬天 dōngtiān 몡 겨울 | 电影 diànyǐng 몡 영화

진짜 중국어 상황 회화

☑ 상황 회화를 통해 다시 한 번 패턴을 익혀 보세요.

상황 ①

你喜欢旅行吗? 喜欢一个人旅行吗?
Nǐ xǐhuan lǚxíng ma? Xǐhuan yí ge rén lǚxíng ma?
너는 여행을 좋아해? 혼자 여행하는 걸 좋아해?

我喜欢旅行, 喜欢去旅行拍照, 但是不喜欢一个人去。
Wǒ xǐhuan lǚxíng, xǐhuan qù lǚxíng pāi zhào, dànshì bù xǐhuan yí ge rén qù.
나는 여행하는 걸 좋아하고, 여행가서 사진 찍는 걸 좋아해, 그런데 혼자 가는 건 싫어.

상황 ②

你喜欢看书吗?
Nǐ xǐhuan kàn shū ma?
너는 책 보는 걸 좋아하니?

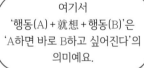

여기서
'행동(A) + 就想 + 행동(B)'은
'A하면 바로 B하고 싶어진다'의
의미예요.

我最讨厌看书, 我看书就想睡觉。*
Wǒ zuì tǎoyàn kàn shū, wǒ kàn shū jiù xiǎng shuì jiào.
나는 책 보는 걸 싫어해, 책만 보면 자고 싶어.

단어 旅行 lǚxíng 명 여행 동 여행하다 | 拍照 pāi zhào 동 사진을 찍다

DAY 12

나는 이 영화가
재미있는 거 같아.

무슨 영화?

☑ 다음 제시된 내용을 보고, 학습 전에 문장 구조를 익혀 보세요.

有意思
yǒu yìsi

觉得
juéde

合适
héshì

可爱
kě'ài

진짜 중국어 패턴

☑ 앞에 제시된 표현을 생각하며 오늘의 패턴을 익혀보세요.

> 觉得 [juéde] ~라고 생각하다
>
> '觉得 juéde'는 '~라고 생각하다', '~라고 느끼다'라는 뜻이고, 자기의 주관적인 생각을 표현할 때 쓰죠. '觉得' 뒤에는 무조건 문장이 온다는 점 기억하세요.

● 5번 반복해서 큰 소리로 읽습니다. ☐1☐ ☐2☐ ☐3☐ ☐4☐ ☐5☐

상황 1

我觉得这个电影很有意思。 나는 이 영화가 재미있다고 생각해.
Wǒ juéde zhè ge diànyǐng hěn yǒu yìsi.

상황 2

我不觉得他们合适。 나는 그들이 어울린다고 생각하지 않아.
Wǒ bù juéde tāmen héshì.

상황 3

你觉得她可爱吗? 너는 그녀가 귀엽다고 생각하니?
Nǐ juéde tā kě'ài ma?

단어 觉得 juéde (동) ~라고 생각하다 | 这个 zhè ge (대) 이것 | 电影 diànyǐng (명) 영화 | 有意思 yǒu yìsi 재미있다 | 合适 héshì (형) 어울린다, 적합하다 | 可爱 kě'ài (형) 귀엽다

진짜 중국어 패턴 연습하기

☑ 다음 문장을 여러 번 반복하여 듣고 따라 읽어 보세요.

1

我觉得不行。
Wǒ juéde bù xíng.
내 생각엔 안돼.

> 중국의 유명 힙합 오디션 프로그램에서
> 사용되어 유명세를 탄 표현이에요.
> '내 생각엔 안될 듯, 희망 없어, 별로야' 등의
> 부정적인 어감이죠.

2

妈妈觉得家里最舒服。   엄마는 집이 제일 편안하다고 생각하셔.
Māma juéde jiā li zuì shūfu.

3

我不觉得这道菜辣。   나는 이 음식이 맵다고 생각하지 않아.
Wǒ bù juéde zhè dào cài là.

4

你觉得这个方法好吗?   너는 이 방법이 좋은 것 같니?
Nǐ juéde zhè ge fāngfǎ hǎo ma?

단어 家里 jiā li 집안 ∣ 最 zuì (분) 제일, 가장 ∣ 舒服 shūfu (형) 편안하다 ∣ 辣 là (형) 맵다 ∣ 方法 fāngfǎ (명) 방법

진짜 중국어 상황 회화

☑ 상황 회화를 통해 다시 한 번 패턴을 익혀 보세요.

상황 ❶

我觉得这个电影很有意思。
Wǒ juéde zhè ge diànyǐng hěn yǒu yìsi.
나는 이 영화가 재미있다고 생각해.

是吗? 我觉得很一般。
Shì ma? Wǒ juéde hěn yìbān.
그래? 나는 그냥 그렇다고 생각해.

상황 ❷

我觉得明天去很好。
Wǒ juéde míngtiān qù hěn hǎo.
나는 내일 가는 것이 아주 좋을 거 같아.

이 표현 역시 한 예능 프로그램에서 유행하기 시작한 표현이에요. '내 말대로 따라 달라'는 뜻으로, 강력하게 자신의 의견을 어필할 때 사용할 수 있죠.

明天不能去。我不要你觉得，我要我觉得!
Míngtiān bù néng qù. Wǒ bú yào nǐ juéde, wǒ yào wǒ juéde!
내일 가면 안돼. 나는 너의 생각은 필요 없고, 내 생각이 중요해!

단어   一般 yìbān 혱 보통이다, 일반적이다

DAY 13

성구현·진준의
음원 바로 듣기

나는 그녀가 날
좋아하는 줄 알았지...

아... 또 시작이네,, 도끼병...

☑ 다음 제시된 내용을 보고, 학습 전에 문장 구조를 익혀 보세요.

以为
yǐwéi

在家
zài jiā

加班
jiā bān

是中国人
shì Zhōngguórén

59

진짜 중국어 패턴

☑ 앞에 제시된 표현을 생각하며 오늘의 패턴을 익혀보세요.

以为 [yǐwéi] ~라고 여기다

동사 '以为 yǐwéi'는 '~라고 (잘못) 여기다, ~라고 (잘못) 생각했다'라는 뜻이에요. 예를 들어 '나는 그가 한국인인 줄 알았다'라고 표현하면 '사실은 한국인이 아니다'라는 뜻이죠.

● 5번 반복해서 큰 소리로 읽습니다. ☐1 ☐2 ☐3 ☐4 ☐5

 상황 1

我以为你在家。 나는 네가 집에 있는 줄 알았어.
Wǒ yǐwéi nǐ zài jiā.

 상황 2

我以为他是中国人。 나는 그가 중국인인 줄 알았어.
Wǒ yǐwéi tā shì Zhōngguórén.

 상황 3

我以为你今天加班。 나는 네가 오늘 야근하는 줄 알았어.
Wǒ yǐwéi nǐ jīntiān jiā bān.

단어 以为 yǐwéi 동 ~라고 여기다, 생각하다 | 加班 jiā bān 동 야근하다

진짜 중국어 패턴 연습하기

☑ 다음 문장을 여러 번 반복하여 듣고 따라 읽어 보세요.

1

我以为你喜欢我。 나는 네가 나를 좋아하는 줄 알았어.
Wǒ yǐwéi nǐ xǐhuan wǒ.

2

我以为结婚很幸福。 나는 결혼하면 행복할 줄 알았지.
Wǒ yǐwéi jié hūn hěn xìngfú.

3

我以为这家餐厅很贵。 나는 이 식당이 비싼 줄 알았어.
Wǒ yǐwéi zhè jiā cāntīng hěn guì.

4

你以为我不知道吗? 너는 내가 모를 줄 알았지?
Nǐ yǐwéi wǒ bù zhīdào* ma?

'知道' 앞에 '不'를 붙이면
'道'는 원래 성조인 제4성으로 읽어요.

[단어] 结婚 jié hūn [동] 결혼하다 | 幸福 xìngfú [형] 행복하다 | 餐厅 cāntīng [명] 식당 | 贵 guì [형] 비싸다 | 知道 zhīdao [동] 알다

진짜 중국어 상황 회화

☑ 상황 회화를 통해 다시 한 번 패턴을 익혀 보세요.

상황 1

我以为你喜欢我朋友。
Wǒ yǐwéi nǐ xǐhuan wǒ péngyou.
나는 네가 내 친구를 좋아하는 줄 알았어.

不可能！我不喜欢他，我最讨厌抽烟的人。
Bù kěnéng! Wǒ bù xǐhuan tā, wǒ zuì tǎoyàn chōu yān de rén.
그럴 리가, 나는 그를 좋아하지 않아, 담배 피는 사람을 제일 싫어하거든.

상황 2

我以为这家餐厅很贵。
Wǒ yǐwéi zhè jiā cāntīng hěn guì.
나는 이 식당이 비싼 줄 알았어.

不，很便宜，味道也不错。
Bù, hěn piányi, wèidao yě búcuò.
아니야, 저렴하고, 맛도 좋아.

[단어] **抽烟** chōu yān [동] 흡연하다 | **便宜** piányi [형] (값이) 싸다, 저렴하다 | **不错** búcuò [형] 좋다

DAY 14

너 나 좋아해,
안 좋아해?

집착 좀 하지마!

✔️ 다음 제시된 내용을 보고, 학습 전에 문장 구조를 익혀 보세요.

看 kàn		看 kàn
是 shì	不 bu	是 shì
喜(欢) xǐ(huan)		喜欢 xǐhuan

진짜 중국어 패턴

☑ 앞에 제시된 표현을 생각하며 오늘의 패턴을 익혀보세요.

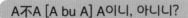
A不A [A bu A] A이니, 아니니?

정반의문문은 긍정형과 부정형을 동시에 써서 질문하는
의문문으로 '~인가요, ~아닌가요?'라는 뜻이에요. 여기서 '不'는
약하게 빨리 읽고 넘어가는 것이 포인트예요.

● 5번 반복해서 큰 소리로 읽습니다.   ① ② ③ ④ ⑤

상황 1

你看不看这个电视剧?   너는 이 드라마를 보니, 안 보니?
Nǐ kàn bu kàn zhè ge diànshìjù?

상황 2

你是不是韩国人?   너는 한국인이니, 아니니?
Nǐ shì bu shì Hánguórén?

상황 3

你喜(欢)不喜欢我?   너 나 좋아해, 안 좋아해?
Nǐ xǐ(huan) bu xǐhuan wǒ?

──────────────────────────────

단어 电视剧 diànshìjù 몡 드라마

64 진짜 중국어

진짜 중국어 패턴 연습하기

☑ 다음 문장을 여러 번 반복하여 듣고 따라 읽어 보세요.

1

你吃不吃汉堡?　너는 햄버거 먹니, 안 먹니?
Nǐ chī bu chī hànbǎo?

2

地铁站远不远?　지하철역은 멀어, 안 멀어?
Dìtiězhàn yuǎn bu yuǎn?

3

你是不是我朋友?
Nǐ shì bu shì wǒ péngyou?
너 내 친구야, 아니야?

> 이 표현은 친구에게 부탁할 때 자주 쓰는 표현이에요. '친구니까 내 편을 들어줘야지, 친구니까 당연히 이렇게 해야지'의 어감이죠.

4

我可不可以打电话?
Wǒ kě bu kěyǐ dǎ diànhuà?
저 전화해도 돼요, 안 돼요?

> '可以不可以' 또는 '可不可以'는 누군가의 허락을 얻고자 할 때 쓰는 유용한 표현이에요.

단어　汉堡 hànbǎo 몡 햄버거 | 地铁站 dìtiězhàn 몡 지하철역

진짜 중국어 상황 회화

☑ 상황 회화를 통해 다시 한 번 패턴을 익혀 보세요.

상황 ①

你看不看这个电视剧?
Nǐ kàn bu kàn zhè ge diànshìjù?
너는 이 드라마 보니, 안 보니?

我不看, 我不喜欢历史剧。
Wǒ bú kàn, wǒ bù xǐhuan lìshǐjù.
나는 안 봐, 나는 사극 안 좋아해.

상황 ②

以后我可不可以给你打电话?
Yǐhòu wǒ kě bu kěyǐ gěi nǐ dǎ diànhuà?
나중에 내가 전화해도 될까?

不可以, 我不喜欢别人给我打电话。
Bù kěyǐ, wǒ bù xǐhuan biérén gěi wǒ dǎ diànhuà.
안돼, 나는 다른 사람이 나한테 전화하는 거 싫어해.

단어 历史剧 lìshǐjù 명 사극, 역사 드라마 | 别人 biérén 명 다른 사람

DAY
15

성구현·진준의
음원 바로 듣기

형 턱 있어, 없어?

알면서.... 없잖아...

✓ 다음 제시된 내용을 보고, 학습 전에 문장 구조를 익혀 보세요.

有没有
yǒu méiyǒu

车?
chē?

蓝牙耳机?
lányá ěrjī?

安排?
ānpái?

67

진짜 중국어 패턴

☑ 앞에 제시된 표현을 생각하며 오늘의 패턴을 익혀보세요.

有没有 [yǒu méiyǒu] ~이 있니, 없니?

'有 yǒu'의 정반의문문은 긍정인 '有'와 부정인 '没有 méiyǒu'를 함께 제시하여 '有没有?' 형식으로 나타내요. 여기서 문제! '여동생이 집에 없다'를 중국어로 어떻게 할까요? 이때는 '没有'가 아닌, '不在'를 써야 해요. '有没有'는 소유의 여부를 묻는 다는 것, 꼭 기억하세요.

● 5번 반복해서 큰 소리로 읽습니다.   ① ② ③ ④ ⑤

상황 1

你有没有车?   너는 차가 있니, 없니?
Nǐ yǒu méiyǒu chē?

상황 2

你有没有蓝牙耳机?   너는 블루투스 이어폰 있니, 없니?
Nǐ yǒu méiyǒu lányá ěrjī?

상황 3

你周末有没有安排?   너는 주말에 계획 있니, 없니?
Nǐ zhōumò yǒu méiyǒu ānpái?

단어   车 chē 몡 차 | 蓝牙耳机 lányá ěrjī 몡 블루투스 이어폰 | 周末 zhōumò 몡 주말 | 安排 ānpái 몡 계획

진짜 중국어 패턴 연습하기

☑ 다음 문장을 여러 번 반복하여 듣고 따라 읽어 보세요.

1

你有没有充电宝? 너는 보조 배터리가 있니, 없니?
Nǐ yǒu méiyǒu chōngdiànbǎo?

2

你心里有没有我? 네 마음 속에 내가 있어, 없어?
Nǐ xīnli yǒu méiyǒu wǒ?

썸을 타는 남녀 사이에서 흔히 쓰는 표현이에요.

3

你们今天有没有约会? 너희 오늘 약속이 있니, 없니?
Nǐmen jīntiān yǒu méiyǒu yuēhuì?

4

现在店里有没有位子? 지금 가게에 자리가 있나요, 없나요?
Xiànzài diàn li yǒu méiyǒu wèizi?

단어 充电宝 chōngdiànbǎo 몡 보조 배터리 | 心里 xīnli 몡 마음 속, 가슴 속 | 约会 yuēhuì
몡 약속 | 店 diàn 몡 가게, 상점 | 位子 wèizi 몡 자리, 좌석

진짜 중국어 상황 회화

☑ 상황 회화를 통해 다시 한 번 패턴을 익혀 보세요.

상황 ❶

你周末有没有安排?
Nǐ zhōumò yǒu méiyǒu ānpái?
너는 주말에 계획 있니, 없니?

没有，我打算在家休息。
Méiyǒu, wǒ dǎsuan zài jiā xiūxi.
없어, 집에서 쉴 계획이야.

상황 ❷

现在有没有位子?
Xiànzài yǒu méiyǒu wèizi?
지금 자리가 있나요, 없나요?

里面有位子，你们几位?
Lǐmiàn yǒu wèizi, nǐmen jǐ wèi?
안에 자리 있어요, 몇 분이세요?

단어 打算 dǎsuan 통 계획하다

DAY 16

형, 오늘 날씨 어때?

진짜 중국어 보기 딱 좋은 날씨야.

☑ 다음 제시된 내용을 보고, 학습 전에 문장 구조를 익혀 보세요.

最近
zuìjìn

天气
tiānqì

味道
wèidao

怎么样?
zěnmeyàng?

진짜 중국어 패턴

☑ 앞에 제시된 표현을 생각하며 오늘의 패턴을 익혀보세요.

怎么样? [zěnmeyàng?] 어때?

'怎么样? zěnmeyàng?'은 '어때?, 어떤가요?'라는 뜻으로 안부, 의사, 상태 등을 물어볼 때 쓸 수 있어요.
'怎么样'이 있을 경우, 의문문이라는 이유로 뒤에 '吗'를 붙이면 안 돼요.

● 5번 반복해서 큰 소리로 읽습니다.

你最近怎么样? 너는 요즘 어때?
Nǐ zuìjìn zěnmeyàng?

今天天气怎么样? 오늘 날씨 어때?
Jīntiān tiānqì zěnmeyàng?

这道菜味道怎么样? 이 음식 맛 어때?
Zhè dào cài wèidao zěnmeyàng?

단어 天气 tiānqì 명 날씨 | 道 dào 양 요리나 음식 등을 세는 양사 | 味道 wèidao 명 맛

진짜 중국어 패턴 연습하기

☑ 다음 문장을 여러 번 반복하여 듣고 따라 읽어 보세요.

1

你身体怎么样?　건강은 어떠니?
Nǐ shēntǐ zěnmeyàng?

2

你心情怎么样?　너 기분 어때?
Nǐ xīnqíng zěnmeyàng?

3

同事们对你怎么样?
Tóngshìmen duì nǐ zěnmeyàng?
동료들이 너한테 어때?

> '동료들이 잘 해주냐'는 뜻으로 다른 사람이 대하는 태도가 어떤지 물을 때 자주 쓰는 표현이에요.

4

我们周末去兜风怎么样?　우리 주말에 바람 좀 쐬러 가는 게 어때?
Wǒmen zhōumò qù dōu fēng zěnmeyàng?

단어 身体 shēntǐ 몡 건강, 신체 | 心情 xīnqíng 몡 기분 | 同事 tóngshì 몡 동료 | 对 duì 쩐
~에 대해, ~한테 | 兜风 dōu fēng 동 바람을 쐬다

진짜 중국어 상황 회화

☑ 상황 회화를 통해 다시 한 번 패턴을 익혀 보세요.

상황 ①

明天天气怎么样？
Míngtiān tiānqì zěnmeyàng?
내일 날씨 어때?

不怎么样*，没有太阳，一直下雨。
Bù zěnmeyàng, méiyǒu tàiyáng, yìzhí xià yǔ.
별로야, 해도 없고, 계속 비 온대.

'不怎么样'은
'별로 좋지 않다'의 의미로
'不太好 bú tài hǎo'와
바꿔 쓸 수 있어요.

상황 ②

你觉得这双鞋怎么样？
Nǐ juéde zhè shuāng xié zěnmeyàng?
이 신발 어떤 것 같아?

我觉得鞋很好看，但是不适合你！买别的吧。
Wǒ juéde xié hěn hǎokàn, dànshì bú shìhé nǐ! Mǎi biéde ba.
신발은 아주 예쁜데, 너한테는 안 어울려! 다른 거 사.

단어 太阳 tàiyáng 명 태양 | 一直 yìzhí 부 줄곧, 계속 | 双 shuāng 양 켤레 | 适合 shìhé 동
알맞다, 적합하다

DAY
17

성구현·진준의
음원 바로 듣기

나랑 사귈래
밥 먹을래?

밥 먹을게.

☑ 다음 제시된 내용을 보고, 학습 전에 문장 구조를 익혀 보세요.

饭
fàn

面包?
miànbāo?

上午
shàngwǔ
AM 10:00

还是
háishi

下午?
xiàwǔ?
PM 2:00

地铁
dìtiě

公交车?
gōngjiāochē?

진짜 중국어 패턴

☑ 앞에 제시된 표현을 생각하며 오늘의 패턴을 익혀보세요.

还是 [háishi] 아니면

'A还是B A háishi B'는 선택의문문을 만들 때 사용해요. 'A인가요? 아니면 B인가요?'의 의미이며, '네 또는 아니오'라고 대답하면 절대 안 되고, '还是'에 의문의 의미가 포함되어 있기 때문에 문장 끝에 '吗'를 쓰지 않아요.

● 5번 반복해서 큰 소리로 읽습니다.

상황 1

你吃饭, 还是吃面包?   너 밥 먹을래, 아니면 빵 먹을래?
Nǐ chī fàn, háishi chī miànbāo?

상황 2

你上午去, 还是下午去?
Nǐ shàngwǔ qù, háishi xiàwǔ qù?
너는 오전에 갈 거니, 아니면 오후에 갈 거니?

상황 3

她坐地铁上班, 还是坐公交车上班?
Tā zuò dìtiě shàng bān, háishi zuò gōngjiāochē shàng bān?
그녀는 지하철 타고 출근하니, 아니면 버스 타고 출근하니?

단어 面包 miànbāo 명 빵 | 上午 shàngwǔ 명 오전 | 下午 xiàwǔ 명 오후

진짜 중국어 패턴 연습하기

☑ 다음 문장을 여러 번 반복하여 듣고 따라 읽어 보세요.

1

成老师是中国人，还是韩国人？

Chéng lǎoshī shì Zhōngguórén, háishi Hánguórén?

성 쌤은 중국인이야, 한국인이야?

선택의문문에서 뒤 절에
나오는 동사가 앞 절과 같다면
생략 가능해요. 여기서도
뒤 절에 '是'가 생략되었어요.

2

你喜欢成老师，还是金老师？

Nǐ xǐhuan Chéng lǎoshī, háishi Jīn lǎoshī?

너는 성 쌤을 좋아해, 아니면 진(김) 쌤을 좋아해?

3

您喝冰的，还是喝热的？

Nín hē bīng de, háishi hē rè de?

차가운 걸로 드시겠어요, 아니면 뜨거운 걸로 드시겠어요?

4

您一次性付款，还是分期付款？

Nín yícìxìng fù kuǎn, háishi fēnqī fù kuǎn?

일시불로 계산하시겠어요, 아니면 할부로 계산하시겠어요?

[단어] 冰 bīng [형] 차갑다 | 热 rè [형] 뜨겁다 | 一次性 yícìxìng [명] 일회성 | 分期 fēnqī [동] 시기(기간)를 나누다 | 付款 fù kuǎn [동] 지불하다

진짜 중국어 상황 회화

☑ 상황 회화를 통해 다시 한 번 패턴을 익혀 보세요.

상황 ①

你坐地铁上班，还是坐公交车上班?
Nǐ zuò dìtiě shàng bān, háishi zuò gōngjiāochē shàng bān?
너는 지하철 타고 출근해, 아니면 버스 타고 출근해?

我都不坐，我自己开车。
Wǒ dōu bú zuò, wǒ zìjǐ kāi chē.
나는 둘 다 안 타, 나는 직접 운전해.

상황 ②

您喝冰的，还是热的?
Nín hē bīng de, háishi rè de?
차가운 걸로 드시겠어요, 뜨거운 걸로 드시겠어요?

给我热的吧，冰的喝多了，对身体不好。
Gěi wǒ rè de ba, bīng de hē duō le, duì shēntǐ bù hǎo.
뜨거운 걸로 주세요, 찬 걸 많이 먹으면 몸에 안 좋아요.

단어 给 gěi 동 주다

78 진짜 중국어

DAY
18

재 누구지?

형 옛날 여친! 기억 안 나?

☑ 다음 제시된 내용을 보고, 학습 전에 문장 구조를 익혀 보세요.

他是
Tā shì

这是
Zhè shì

那是
Nà shì

谁?
shéi?

79

진짜 중국어 패턴

☑ 앞에 제시된 표현을 생각하며 오늘의 패턴을 익혀보세요.

谁 [shéi] 누구

'谁 shéi'는 '누구'라는 뜻의 의문대명사로서 단독으로도 사용이 가능해요. '谁?'하면 '누구야? 누구지?'의 뜻이 되지요. 발음할 때 '쉐이'라고 하지 않도록 해요.

● 5번 반복해서 큰 소리로 읽습니다.

1 2 3 4 5

상황 1

他是谁?   그는 누구니?
Tā shì shéi?

상황 2

这是谁的手机?   이것은 누구의 휴대 전화니?
Zhè shì shéi de shǒujī?

상황 3

谁说的?   누가 말했니?
Shéi shuō de?

단어 谁 shéi 때 누가, 누구

진짜 중국어 패턴 연습하기

☑ 다음 문장을 여러 번 반복하여 듣고 따라 읽어 보세요.

1

这是谁呀?　이게 누구야?
Zhè shì shéi ya?

2

这是谁的字?　이거 누구 글씨야?
Zhè shì shéi de zì?

3

那是谁的主意*?　그건 누구의 아이디어니?
Nà shì shéi de zhǔyì?

'도대체 누가 그런 결정을 했냐'는 어감이에요.

회화에서 '主意'는 'zhúyì'라고 발음해요.

4

谁告诉你我不去?　누가 너한테 내가 가지 않는다고 말한 거야?
Shéi gàosu nǐ wǒ bú qù?

단어 呀 ya ㉿ 문장 끝에 놓여 놀람이나 감탄을 나타냄 | 字 zì ㈅ 글자 | 主意 zhǔyì ㈅ 아이디어
| 告诉 gàosu ㉧ 알려주다, 말해주다

진짜 중국어 상황 회화

☑ 상황 회화를 통해 다시 한 번 패턴을 익혀 보세요.

상황 ①

你是谁? 快点说!
Nǐ shì shéi? Kuài diǎn shuō!
너는 누구냐? 빨리 말해라!

臭小子，我是你爸爸。以后少喝酒!
Chòu xiǎozi, wǒ shì nǐ bàba. Yǐhòu shǎo hē jiǔ!
이놈의 자식, 나는 네 아빠다. 술 좀 적당히 마셔!

상황 ②

这是谁的东西? 没有人我就扔了。*
Zhè shì shéi de dōngxi? Méiyǒu rén wǒ jiù rēng le.
이거 누구 거니? 주인 없으면 (아무도 없으면) 버린다.

> '没有人我就~ / 没有事我就~'는 자주 쓰이는 고정격식이에요. '아무도 없으면 바로~, 별 일 없으면 바로~'의 뜻을 나타내요.

我的，我的，找了半天，原来在这里呀!
Wǒ de, wǒ de, zhǎo le bàntiān, yuánlái zài zhèlǐ ya!
내 거야, 내 거. 한참 찾았는데, 알고 보니 여기에 있었구나!

단어 臭 chòu (형) 구리다, 추하다 | 小子 xiǎozi (명) 놈, 녀석, 자식 | 扔 rēng (동) 버리다 | 找 zhǎo (동) 찾다 | 半天 bàntiān (명) 한참 동안 | 原来 yuánlái (부) 알고 보니

DAY 19

성구현·진준의
음원 바로 듣기

너 뭐 보고 있는 거야?

형 군대 사진... 웃기다...

☑ 다음 제시된 내용을 보고, 학습 전에 문장 구조를 익혀 보세요.

学
Xué

喝
Hē

什么?
shénme?

帅
Shuài

진짜 중국어 패턴

☑ 앞에 제시된 표현을 생각하며 오늘의 패턴을 익혀보세요.

什么 [shénme] 무엇

'什么 shénme'는 '무엇, 무슨'이라는 뜻의 의문대명사로 사물을 물어볼 때 쓰는 표현이에요.
단독으로 사용하여 '什么？'라고 하면 '뭐야?'라는 뜻으로 상황에 따라 여러 의미로 해석 돼요.

● 5번 반복해서 큰 소리로 읽습니다. [1] [2] [3] [4] [5]

상황 1

你学什么？ 너는 무엇을 공부하니？
Nǐ xué shénme?

상황 2

他喝什么饮料？ 그는 무슨 음료를 마시니？
Tā hē shénme yǐnliào?

상황 3

帅什么帅？ 잘생기긴 뭐가 잘생겼다는 거니？
Shuài shénme shuài?

[단어] 什么 shénme [대] 무엇, 무슨 | 饮料 yǐnliào [명] 음료

진짜 중국어 패턴 연습하기

☑ 다음 문장을 여러 번 반복하여 듣고 따라 읽어 보세요.

1

你的爱好是什么? 너의 취미는 무엇이니?

Nǐ de àihào shì shénme?

2

你找我有什么事? 너 무슨 일이 있어 나를 찾은 거야?

Nǐ zhǎo wǒ yǒu shénme shì?

3

你想说什么? 네가 하고 싶은 얘기가 뭐야?

Nǐ xiǎng shuō shénme?

4

笑什么笑? 웃긴 왜 웃어?

Xiào shénme xiào?

[단어] 爱好 àihào [명] 취미 | 找 zhǎo [동] 찾다 | 事 shì [명] 일 | 笑 xiào [동] 웃다

진짜 중국어 상황 회화

☑ 상황 회화를 통해 다시 한 번 패턴을 익혀 보세요.

상황 ①

你想喝什么饮料?
Nǐ xiǎng hē shénme yǐnliào?
무슨 음료를 마시고 싶어?

除了咖啡，我喝什么都可以。你随便。
Chúle kāfēi, wǒ hē shénme dōu kěyǐ. Nǐ suíbiàn.
커피만 빼고 아무거나 괜찮아, 네가 편한 대로 골라.

상황 ②

무슨 뜻으로 말한 것이냐며 따지는 어감이 내포되어 있어요.

你说的是什么意思?*
Nǐ shuō de shì shénme yìsi?
네가 말한 거 무슨 뜻이야?

没什么意思，我只是太累了。
Méi shénme yìsi, wǒ zhǐshì tài lèi le.
별 뜻 아니야. 그냥 너무 피곤해서.

단어 除了 chúle ⓒ ~을 제외하고 ┃ 随便 suíbiàn ⓥ 마음대로 하다 ┃ 只是 zhǐshì ⓐ 단지, 오직

성구현·진준의
음원 바로 듣기

너 어디에 있어?

형 마음속에...

☑ 다음 제시된 내용을 보고, 학습 전에 문장 구조를 익혀 보세요.

她
Tā

便利店
Biànlìdiàn

洗手间
Xǐshǒujiān

在哪儿?
zài nǎr?

진짜 중국어 패턴

☑ 앞에 제시된 표현을 생각하며 오늘의 패턴을 익혀보세요.

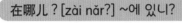

在哪儿？[zài nǎr?] ~에 있니?

'哪儿'이 문장 끝에 쓰이면 '어디에 있어?'라는 의미가 되지만 '在哪儿' 뒤에 동사가 오면 '어디에서 ~해?'라는 구문이 만들어 집니다.

● 5번 반복해서 큰 소리로 읽습니다. [1] [2] [3] [4] [5]

상황 1

她现在在哪儿？ 그녀는 지금 어디에 있니?

Tā xiànzài zài nǎr?

상황 2

请问，便利店在哪儿？ 실례합니다. 편의점은 어디에 있나요?

Qǐngwèn, biànlìdiàn zài nǎr?

상황 3

你们在哪儿见面？ 너희는 어디에서 만나니?

Nǐmen zài nǎr jiàn miàn?

[단어] 请问 qǐngwèn [동] 실례합니다 | 便利店 biànlìdiàn [명] 편의점 | 见面 jiàn miàn [동] 만나다

진짜 중국어 패턴 연습하기

☑ 다음 문장을 여러 번 반복하여 듣고 따라 읽어 보세요.

1

洗手间在哪儿?　화장실은 어디에 있나요?
Xǐshǒujiān zài nǎr?

2

昨天晚上你在哪儿?　어제 저녁에 어디에 있었어?
Zuótiān wǎnshàng nǐ zài nǎr?

3

他在哪儿学汉语?　그는 어디에서 중국어를 배우니?
Tā zài nǎr xué Hànyǔ?

4

你在哪儿坐车?　너는 어디에서 차를 타니?
Nǐ zài nǎr zuò chē?

단어 洗手间 xǐshǒujiān 몡 화장실 ㅣ 汉语 Hànyǔ 몡 중국어

89

진짜 중국어 상황 회화

☑ 상황 회화를 통해 다시 한 번 패턴을 익혀 보세요.

상황 ①

你们家在哪儿?
Nǐmen jiā zài nǎr?
집이 어디야?

你想来找我吗? 我不想告诉你。
Nǐ xiǎng lái zhǎo wǒ ma? Wǒ bù xiǎng gàosu nǐ.
나 찾아오고 싶어? 알려주기 싫은데.

상황 ②

明天我们在哪儿吃饭?
Míngtiān wǒmen zài nǎr chī fàn?
내일 우리 어디에서 밥 먹어?

这是秘密，我想给你一个惊喜。*
Zhè shì mìmì, wǒ xiǎng gěi nǐ yí ge jīngxǐ.
비밀이야, 나는 네게 서프라이즈를 해주고 싶어.

'惊喜'는 원래 놀람, 기쁨을 나타내는 의미인데, 보통 상대방을 위한 깜짝 파티, 깜짝 선물 등을 준비할 때 사용해요.

단어) 秘密 mìmì 명 비밀 | 惊喜 jīngxǐ 명 놀람, 기쁨

연습문제 II

☑ 우리말에 맞게 중국어로 써 본 후 문장을 읽어 보세요.

1 나는 여름을 좋아하고, 겨울은 싫어해. (喜欢 / 讨厌)

➡ _____ 。

2 나는 그들이 어울린다고 생각하지 않아. (不觉得)

➡ _____ 。

3 나는 네가 나를 좋아하는 줄 알았어. (以为)

➡ _____ 。

4 너는 한국인이니, 아니니? (是不是)

➡ _____ 。

5 너는 블루투스 이어폰이 있니, 없니? (有没有)

➡ _____ 。

6 너 기분 어때? (怎么样)

➡ _____ ?

7 너 밥 먹을래, 아니면 빵 먹을래? (还是)

➡ _____ 。

8 그건 누구의 아이디어니? (谁)

➡ _____ 。

9 너 무슨 일이 있어 나를 찾은 거야? (什么)

➡ _____ 。

10 화장실은 어디에 있나요? (在哪儿)

➡ _____ 。

➡ 정답 p.272

성쌤의 알쏭달쏭 중국어

 도서관은 멀어요 안 멀어요?

➡ 图书馆远不远吗?   ✗ 땡!

➡ 图书馆远不远?   ○

 수업 시간에 '도서관은 멀어요?'라는 표현을 '图书馆远吗?'라고 할
수도 있지만, '图书馆远不远?'도 가능하다는 것을 알려드려요.
이런 걸 '정반의문문'이라고 하죠. 그런데 10분 후에 다시 시키면
어김없이 많은 분들이 '图书馆远不远吗?'라고 하신 후,
'어머!'하고 입을 가리세요. ㅎㅎ 모두 주의하셔야 하는 표현이에요.
'A不A吗?'라는 중국어 표현은 없습니다.
반드시 '吗'를 빼셔야 해요!!

DAY 21

성구현·진준의
음원 바로 듣기

형, 언제 퇴근해?

내일...

☑ 다음 제시된 내용을 보고, 학습 전에 문장 구조를 익혀 보세요.

什么时候
Shénme shíhou

下班?
xià bān?

出发?
chūfā?

上市?
shàng shì?

진짜 중국어 패턴

☑ 앞에 제시된 표현을 생각하며 오늘의 패턴을 익혀보세요.

什么时候 [shénme shíhou] 언제

'什么时候 shénme shíhou'는 '언제'라는 뜻의 의문대명사예요. 무엇보다 발음이 좀 어려운 편이라 반복해서 연습해 주셔야 해요. '什么时候' 뒤에 보통 동사가 와서 '언제 ~을 해요?'라는 뜻을 나타내고, 당연히 단독으로도 사용 가능해요.

● 5번 반복해서 큰 소리로 읽습니다. [1] [2] [3] [4] [5]

상황 1

你什么时候下班? 너는 언제 퇴근하니?

Nǐ shénme shíhou xià bān?

상황 2

你大概什么时候出发? 너는 대략 언제 출발하니?

Nǐ dàgài shénme shíhou chūfā?

상황 3

新款手机什么时候上市? 신형 휴대 전화는 언제 출시하나요?

Xīnkuǎn shǒujī shénme shíhou shàng shì?

[단어] 什么时候 shénme shíhou 언제 | 下班 xià bān [동] 퇴근하다 | 大概 dàgài [부] 대략 | 出发 chūfā [동] 출발하다 | 新款 xīnkuǎn [명] 신형, 새로운 스타일 | 上市 shàng shì [동] 출시하다

진짜 중국어 패턴 연습하기

다음 문장을 여러 번 반복하여 듣고 따라 읽어 보세요.

1

你什么时候去旅行? 너는 언제 여행가니?

Nǐ shénme shíhou qù lǚxíng?

2

我们到底什么时候结束? 우리 도대체 언제 끝나?

Wǒmen dàodǐ shénme shíhou jiéshù?

3

你大概什么时候到? 너는 대략 언제 도착해?

Nǐ dàgài shénme shíhou dào?

4

面试结果什么时候出来? 면접 결과는 언제 나와?

Miànshì jiéguǒ shénme shíhou chūlai?

[단어] 旅行 lǚxíng [동] 여행하다 | 到底 dàodǐ [부] 도대체 | 结束 jiéshù [동] 끝나다 | 大概 dàgài [부] 대략 | 面试 miànshì [명] 면접 | 结果 jiéguǒ [명] 결과 | 出来 chūlai [동] 나오다

진짜 중국어 상황 회화

☑ 상황 회화를 통해 다시 한 번 패턴을 익혀 보세요.

상황 ❶

天啊，考试成绩到底什么时候出来？急死我了。
Tiān a, kǎoshì chéngjì dàodǐ shénme shíhou chūlai? Jí sǐ wǒ le.
세상에, 시험 성적은 대체 언제 나오는 거야? 급해 죽겠네.

对啊！我也很着急*！
Duì a! Wǒ yě hěn zháo jí!
그러게 말이야! 나도 빨리 알고 싶어!

> '着急'는 원래 '조급하다'의 의미로, 여기에서는 '성적 결과를 빨리 알고 싶다'의 의미로 쓰였어요.

상황 ❷

> '有时候'는 직역하면 '~할 때가 있다'의 뜻이지만 보통 '때로는, 가끔은'의 의미로 쓰여요.

你们每天什么时候下班？
Nǐmen měitiān shénme shíhou xià bān?
너희는 매일 몇 시 퇴근이야?

不一定，有时候是六点半，有时候*是七点。
Bú yídìng, yǒushíhòu shì liù diǎn bàn, yǒushíhòu shì qī diǎn.
정해지지 않았어. 때로는 6시 반, 때로는 7시.

 Tip! 시간은 '点 diǎn 시'와 '分 fēn 분'을 사용하여 나타냅니다.

3시 5분 ▶ 三点五分 sān diǎn wǔ fēn	15분 ▶ 十五分 shíwǔ fēn, 一刻 yíkè
8시 20분 ▶ 八点二十分 bā diǎn èrshí fēn	30분 ▶ 三十分 sānshí fēn, 半 bàn
10시 40분 ▶ 十点四十分 shí diǎn sìshí fēn	45분 ▶ 四十五分 sìshíwǔ fēn, 三刻 sānkè

단어 考试 kǎoshì 명 시험 ┃ 成绩 chéngjì 명 성적 ┃ 急 jí 통 조급하다 ┃ 着急 zháo jí 통 조급해하다, 안달하다 ┃ 有时候 yǒushíhòu 때로는, 가끔은 ┃ 半 bàn 양 30분, 절반

DAY 22

성구현·진준의
음원 바로 듣기

형, 베이징 역은
어떻게 가?

잘~

✅ 다음 제시된 내용을 보고, 학습 전에 문장 구조를 익혀 보세요.

怎么
Zěnme

写?
xiě?

走?
zǒu?

卖?
mài?

진짜 중국어 패턴

☑ 앞에 제시된 표현을 생각하며 오늘의 패턴을 익혀보세요.

> **怎么 [zěnme] 어떻게**
>
> 의문대명사 '怎么 zěnme'는 '어떻게'라는 뜻으로 동사 앞에 쓰여 '어떻게 ~하나요?'라는 의미를 나타내요.
> 여기서 '怎么走 / 怎么去' 둘 다 우리말로는 '어떻게 가요?'라고 해석되는데, '怎么走'는 방향을 물어보는 것이고, '怎么去'는 교통 수단을 물어보는 표현이라는 것에 주의해야 해요.

● 5번 반복해서 큰 소리로 읽습니다.

상황 1

这个汉字怎么写?   이 한자는 어떻게 쓰나요?

Zhè ge Hànzì zěnme xiě?

상황 2

北京站怎么走?   베이징역은 어떻게 가나요?

Běijīngzhàn zěnme zǒu?

상황 3

这个苹果怎么卖?   이 사과는 어떻게 파나요?

Zhè ge píngguǒ zěnme mài?

단어 汉字 Hànzì 몡 한자 | 北京站 Běijīngzhàn 고유 베이징역 | 走 zǒu 동 가다, 걸어가다 | 卖 mài 동 팔다

진짜 중국어 패턴 연습하기

다음 문장을 여러 번 반복하여 듣고 따라 읽어 보세요.

1

你的名字怎么写? 네 이름은 어떻게 쓰니?
Nǐ de míngzi zěnme xiě?

2

你怎么知道? 너 어떻게 알아?
Nǐ zěnme zhīdao?

이 표현은 실제로 어떻게 알았는가를 물을 때 쓸 수도 있고, '네가 그걸 어찌 알아!'라는 불신의 어감도 표현할 수 있어요.

3

这个电子产品怎么用? 이 전자 제품은 어떻게 사용하나요?
Zhè ge diànzǐ chǎnpǐn zěnme yòng?

4

你们怎么去王府井? 너희는 왕푸징에 어떻게 가니?
Nǐmen zěnme qù Wángfǔjǐng?

[단어] 名字 míngzi [명] 이름 | 电子 diànzǐ [명] 전자 | 产品 chǎnpǐn [명] 제품 | 王府井 Wángfǔjǐng [고유] 왕푸징(지명)

진짜 중국어 상황 회화

☑ 상황 회화를 통해 다시 한 번 패턴을 익혀 보세요.

상황 ①

你怎么说话啊？他不高兴了！
Nǐ zěnme shuō huà a? Tā bù gāoxìng le!
너 말을 어떻게 하는 거야? 그가 기분이 상했잖아!

对不起，我不是故意的！我道歉。
Duìbuqǐ, wǒ bú shì gùyì de! Wǒ dào qiàn.
미안해, 일부러 그런 건 아니야! 내가 사과할게.

'故意'는 '고의로,
일부러'라는 뜻이에요. 보통
'사람＋不是故意的'라고
사용하여 '누가 일부러 그런건
아니다'의 뜻을 나타내요.

상황 ②

你们怎么去王府井？
Nǐmen zěnme qù Wángfǔjǐng?
너희는 어떻게 왕푸징에 가니?

我们坐出租车去。
Wǒmen zuò chūzūchē qù.
우리는 택시 타고 가.

단어 | 故意 gùyì 🖲 고의로, 일부러 | 道歉 dào qiàn 🖲 사과하다 | 出租车 chūzūchē 🖲 택시

DAY 23

너 왜 울어?

차였어...

☑ 다음 제시된 내용을 보고, 학습 전에 문장 구조를 익혀 보세요.

哭?
kū?

为什么
Wèishénme

来?
lái?

懒?
lǎn?

진짜 중국어 패턴

☑ 앞에 제시된 표현을 생각하며 오늘의 패턴을 익혀보세요.

为什么 [wèishénme] 왜

'为什么 wèishénme'는 '왜'라는 뜻으로
뒤에 동작이 와서 '왜 ~하니?'의 뜻으로 쓰여요.
물론 '为什么' 역시 단독으로 사용이 가능해요.

● 5번 반복해서 큰 소리로 읽습니다.

你为什么哭? 너는 왜 우니?
Nǐ wèishénme kū?

상황 2

他为什么不来? 그는 왜 안 오니?
Tā wèishénme bù lái?

상황 3

你为什么这么懒? 너 왜 이렇게 게으르니?
Nǐ wèishénme zhème lǎn?

단어 为什么 wèishénme 의문 왜 | 哭 kū 통 울다 | 这么 zhème 대 이렇게 | 懒 lǎn 형
게으르다

진짜 중국어 패턴 연습하기

☑ 다음 문장을 여러 번 반복하여 듣고 따라 읽어 보세요.

1

你为什么紧张? 너는 왜 긴장하니?
Nǐ wèishénme jǐnzhāng?

2

他为什么不参加? 그는 왜 참석하지 않니?
Tā wèishénme bù cānjiā?

3

你为什么这么好看? 너는 왜 이렇게 예뻐?
Nǐ wèishénme zhème hǎokàn?

4

今天为什么那么累? 오늘 왜 그렇게 피곤해 해?
Jīntiān wèishénme nàme lèi?

> 이 표현의 속뜻은 '무슨 일이야?'이며, 주로 상대방을 걱정할 때 써요.

단어 紧张 jǐnzhāng ⑱ 긴장하다 | 这么 zhème ㉐ 이렇게 | 那么 nàme ㉐ 그렇게

진짜 중국어 상황 회화

☑ 상황 회화를 통해 다시 한 번 패턴을 익혀 보세요.

상황 ①

你为什么生气？可不可以告诉我？
Nǐ wèishénme shēng qì? Kě bu kěyǐ gàosu wǒ?
너 왜 화났어? 나한테 알려줄 수 있어?

> '理'에는 '상대하다'의 의미가 있어요. 만약 '他不理我。'라고 표현하면 그는 나를 상대해 주지 않는다(무시한다)'의 의미가 되죠.

我不想跟你说话，你走开！别理我！*
Wǒ bù xiǎng gēn nǐ shuō huà, nǐ zǒu kāi! Bié lǐ wǒ!
나는 너랑 말하고 싶지 않아, 비켜! 나 좀 내버려 둬!

상황 ②

你为什么这么紧张？
Nǐ wèishénme zhème jǐnzhāng?
너 왜 이렇게 긴장해?

因为我第一次见她的爸爸、妈妈。今天非常重要。
Yīnwèi wǒ dì-yī cì jiàn tā de bàba、māma. Jīntiān fēicháng zhòngyào.
왜냐하면 오늘 그녀의 아버지, 어머니를 처음 뵈어서. 오늘은 아주 중요한 날이야.

단어   走开 zǒu kāi 동 비키다, 물러나다 ┃ 理 lǐ 동 ~을(를) 상대하다 ┃ 因为 yīnwèi 접 왜냐하면 ┃ 第一次 dì-yī cì 명 최초, 맨 처음 ┃ 重要 zhòngyào 형 중요하다

성구현·진준의
음원 바로 듣기

나는 바리스타가
되고 싶어.

형 커피 싫어하잖아!

✅ 다음 제시된 내용을 보고, 학습 전에 문장 구조를 익혀 보세요.

当
dāng

想
xiǎng

吃
chī

休息
xiūxi

진짜 중국어 패턴

☑ 앞에 제시된 표현을 생각하며 오늘의 패턴을 익혀보세요.

想 [xiǎng] ~하고 싶다

동사 앞에 놓이는 '想'은 조동사로서 '~하고 싶다'의 뜻으로 사용해요. 반대로 '~하기 싫다'는 '不想'으로 표현하죠. 조동사를 잘 사용해야 진정한 중국어의 고수가 될 수 있어요. 오늘도 큰 소리로 따라 읽어 보아요.

● 5번 반복해서 큰 소리로 읽습니다.   

상황 1

我想当咖啡师。   나는 바리스타가 되고 싶어.
Wǒ xiǎng dāng kāfēishī.

상황 2

我不想吃快餐。   나는 패스트푸드를 먹고 싶지 않아.
Wǒ bù xiǎng chī kuàicān.

상황 3

你想在家休息吗?   너는 집에서 쉬고 싶니?
Nǐ xiǎng zài jiā xiūxi ma?

단어   想 xiǎng 조동 ~하고 싶다 | 当 dāng 동 ~이 되다 | 咖啡师 kāfēishī 명 바리스타 | 快餐 kuàicān 명 패스트푸드

진짜 중국어 패턴 연습하기

☑ 다음 문장을 여러 번 반복하여 듣고 따라 읽어 보세요.

1

我想打人！ 나 사람 때리고 싶어!

Wǒ xiǎng dǎ rén!

이 표현은 정말 때린다는 뜻이 아니라, 몹시 화가 났음을 표현해요.

2

我想听你的意见。 나는 네 의견을 듣고 싶어.

Wǒ xiǎng tīng nǐ de yìjiàn.

3

我不想相亲。 나는 소개팅을 하고 싶지 않아.

Wǒ bù xiǎng xiāng qīn.

4

你想参加吗？ 너 참석하고 싶어?

Nǐ xiǎng cānjiā ma?

이 표현은 '너도 함께 할래?', '너도 끼고 싶어?' 등의 의미로도 쓰여요.

[단어] 打人 dǎ rén [동] 사람을 때리다 | 相亲 xiāng qīn [동] 소개팅하다 | 参加 cānjiā [동] 참가하다

진짜 중국어 상황 회화

☑ 상황 회화를 통해 다시 한 번 패턴을 익혀 보세요.

상황 1

你以后想当什么?
Nǐ yǐhòu xiǎng dāng shénme?
너는 나중에 뭐가 되고 싶어?

我想当老板，PAGODA的老板。
Wǒ xiǎng dāng lǎobǎn, PAGODA de lǎobǎn.
나는 사장이 되고 싶어, 파고다의 사장.

상황 2

我给你介绍女朋友怎么样?
Wǒ gěi nǐ jièshào nǚpéngyou zěnmeyàng?
내가 너에게 여자 친구를 한 명 소개해주고 싶은데 어때?

我很忙，不想谈恋爱。谢谢你的好意。
Wǒ hěn máng, bù xiǎng tán liàn'ài. Xièxie nǐ de hǎoyì.
나는 바빠서 연애할 생각이 없어. (그래도) 네 마음은 (호의는) 고마워.

단어 老板 lǎobǎn 몡 사장, 주인 | 介绍 jièshào 동 소개하다 | 女朋友 nǚpéngyou 몡 여자 친구 | 谈恋爱 tán liàn'ài 동 연애하다 | 好意 hǎoyì 몡 좋은 마음, 호의

성구현·진준의
음원 바로 듣기

나 다이어트 하려고.

그 말만 300번째야.

☑ 다음 제시된 내용을 보고, 학습 전에 문장 구조를 익혀 보세요.

减肥
jiǎnféi

要
yào

回家
huí jiā

兼职
jiān zhí

진짜 중국어 패턴

☑ 앞에 제시된 표현을 생각하며 오늘의 패턴을 익혀보세요.

要 [yào] ~하려고 하다 / ~해야만 한다

'要'는 동사 앞에 놓여
'~하려고 하다, ~해야 한다'의 의미로 쓰여요.

● 5번 반복해서 큰 소리로 읽습니다. ☐1 ☐2 ☐3 ☐4 ☐5

상황 1

我要减肥。 나는 다이어트를 하려고 해.
Wǒ yào jiǎnféi.

상황 2

我要回家。 나는 집에 가야만 해.
Wǒ yào huí jiā.

상황 3

你要做兼职吗? 너는 아르바이트를 하려고 하니?
Nǐ yào zuò jiān zhí ma?

단어 要 yào (조동) ~하려고 한다, ~해야만 한다 | 减肥 jiǎnféi (동) 다이어트하다 | 回家 huí jiā
(동) 집으로 돌아가다 | 兼职 jiān zhí (명) 아르바이트 (동) 겸직하다

진짜 중국어 패턴 연습하기

다음 문장을 여러 번 반복하여 듣고 따라 읽어 보세요.

1

我要退这个东西。 저 이 물건 환불할게요.

Wǒ yào tuì zhè ge dōngxi.

2

'동사+前+要+동사'의 형태는 '어떤 행동을 하기 전에 먼저 ~을 해야만 한다'라는 당위성을 표현할 때 많이 써요.

吃饭前要洗手。 밥 먹기 전에 손을 씻어야 해.

Chī fàn qián yào xǐ shǒu.

3

你要少喝咖啡。 너는 커피를 줄여야만 해.

Nǐ yào shǎo hē kāfēi.

4

你要预订机票吗? 너는 비행기표를 예매하려고 하니?

Nǐ yào yùdìng jīpiào ma?

[단어] 退 tuì [동] 환불하다, 반품하다 | 前 qián [명] 전, 앞 | 洗手 xǐ shǒu [동] 손을 씻다 | 少 shǎo [형] 적다 | 预订 yùdìng [동] 예약하다 | 机票 jīpiào [명] 비행기표

진짜 중국어 상황 회화

☑ 상황 회화를 통해 다시 한 번 패턴을 익혀 보세요.

상황 1

我不吃，我要减肥！
Wǒ bù chī, wǒ yào jiǎnféi!
나 안 먹을래, 나는 다이어트를 하려고 해!

好啊！但是从明天开始吧，多吃一顿没关系！
Hǎo a! Dànshì cóng míngtiān kāishǐ ba, duō chī yí dùn méiguānxi!
좋지! 하지만 (다이어트는) 내일부터 하자, 한 끼 더 먹어도 괜찮아!

상황 2

你不要总是喝冰的，你要多喝热的，这才健康。
Nǐ bú yào zǒngshì hē bīng de, nǐ yào duō hē rè de, zhè cái jiànkāng.
너 자꾸 찬 거 마시지 마, 따뜻한 거 마셔. 그래야 건강하지.

我也知道，但是说起来容易，做起来难*。
Wǒ yě zhīdao, dànshì shuō qǐ lái róngyì, zuò qǐ lái nán.
나도 알아, 하지만 말이 쉽지, 실행은 어려워.

여기서 '동사+起来'는 '~해보니 ~하다'의 뜻으로 '추측, 판단, 평가' 등을 나타낼 때 쓸 수 있어요.
[예] 吃起来很好吃。 먹어보니 맛있다.
Chī qǐ lái hěn hǎochī.

[단어] 顿 dùn [양] 끼니를 세는 양사 | 总是 zǒngshì [부] 항상, 자꾸 | 容易 róngyì [형] 쉽다 | 难 nán [형] 어렵다

DAY 26

성구현·진준의
음원 바로 듣기

너 운전할 줄 아니?

자전거만...

✅ 다음 제시된 내용을 보고, 학습 전에 문장 구조를 익혀 보세요.

会
huì

说
shuō

弹
tán

开车
kāi chē

113

진짜 중국어 패턴

☑ 앞에 제시된 표현을 생각하며 오늘의 패턴을 익혀보세요.

会 [huì] ~할 줄 안다, ~할 수 있다

조동사 '会 huì'는 '~할 줄 안다', '~할 수 있다'라는 뜻이에요.
주로 외국어, 운전, 수영, 자전거 등과 같이 배워서 또는 경험을
통해서 할 줄 알게 되었음을 나타낼 때 써요.

● 5번 반복해서 큰 소리로 읽습니다.

我会说汉语。   나는 중국어를 할 줄 알아.
Wǒ huì shuō Hànyǔ.

他不会弹钢琴。   그는 피아노를 칠 줄 몰라.
Tā bú huì tán gāngqín.

你会开车吗?   너는 운전할 줄 아니?
Nǐ huì kāi chē ma?

단어   会 huì (조동) ~할 줄 안다, ~할 수 있다 | 弹 tán (동) (악기를) 켜다, 연주하다 | 钢琴
gāngqín (명) 피아노 | 开车 kāi chē (동) 운전하다

진짜 중국어 패턴 연습하기

☑ 다음 문장을 여러 번 반복하여 듣고 따라 읽어 보세요.

1

你会喝酒吗? 너 술 마실 줄 알아?

Nǐ huì hē jiǔ ma?

보통 주량을 묻거나
술을 좋아하냐는
의미로 쓰여요.

2

我不会说话。 나는 말솜씨(말주변)가 없어.

Wǒ bú huì shuō huà.

3

我不会滑雪。 나는 스키를 탈 줄 몰라.

Wǒ bú huì huá xuě.

4

你会买东西吗? 너 물건 살 줄 알아?

Nǐ huì mǎi dōngxi ma?

보통 '쇼핑 좀 해봤어?
흥정할 줄 알아? 물건 잘 골라?'
등의 의미를 나타내요.

[단어] 喝酒 hē jiǔ [동] 술 마시다 | 滑雪 huá xuě [동] 스키를 타다 | 东西 dōngxi [명] 물건

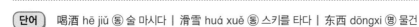

진짜 중국어 상황 회화

☑ 상황 회화를 통해 다시 한 번 패턴을 익혀 보세요.

상황 ①

你会开车吗？我很害怕。
Nǐ huì kāi chē ma? Wǒ hěn hài pà.
너는 운전할 줄 아니? 나 무서워.

当然会，你别担心，这是我第一次上路。
Dāngrán huì, nǐ bié dān xīn, zhè shì wǒ dì-yī cì shàng lù.
당연히 할 줄 알지. 걱정 마, 이번이 내가 하는 첫 도로주행이야.

상황 ②

你会游泳吗？我和你妈妈掉水里了，你先救谁？
Nǐ huì yóu yǒng ma? Wǒ hé nǐ māma diào shuǐ lǐ le, nǐ xiān jiù shéi?
너 수영할 줄 알아? 나랑 네 어머니가 물에 빠지면 너는 누구 먼저 구할 거야?

我爸爸救我妈妈，我救你。
Wǒ bàba jiù wǒ māma, wǒ jiù nǐ.
우리 아빠가 엄마를 구할 거야. 나는 너를 구할게.

단어) 开车 kāi chē 동 운전하다 | 害怕 hài pà 동 두려워하다. 무서워하다 | 上路 shàng lù 동
도로에 오르다 | 掉 diào 동 빠지다. 떨어지다 | 救 jiù 동 구하다

DAY 27

성구현·진준의
음원 바로 듣기

나 컴퓨터 고칠 수 있어.

너 문과잖아.

☑ 다음 제시된 내용을 보고, 학습 전에 문장 구조를 익혀 보세요.

能
néng

修
xiū

接
jiē

出差
chū chāi

117

진짜 중국어 패턴

☑ 앞에 제시된 표현을 생각하며 오늘의 패턴을 익혀보세요.

能 [néng] ~할 수 있다

조동사 '能 néng'은 '~할 수 있다'라는 뜻이에요. 예를 들어 운전을 할 줄 아는 친구가 팔을 다쳐서 운전을 못하게 되었을 때 '不能开车'라고 표현해야 해요. 팔을 다쳐서 운전을 못하는 상황이 된 것이지, 아예 할 줄 모르게 된 것은 아니니까요.

● 5번 반복해서 큰 소리로 읽습니다.

我能修电脑。   나는 컴퓨터를 고칠 수 있어.
Wǒ néng xiū diànnǎo.

我现在不能接电话。   저는 지금 전화를 받을 수 없어요.
Wǒ xiànzài bù néng jiē diànhuà.

상황 3

你下个月能出差吗?   당신은 다음달에 출장 갈 수 있나요?
Nǐ xià ge yuè néng chū chāi ma?

단어 能 néng (조동) ~할 수 있다 | 修 xiū (동) 고치다, 수리하다 | 电脑 diànnǎo (명) 컴퓨터 | 出差 chū chāi (동) 출장하다

진짜 중국어 패턴 연습하기

다음 문장을 여러 번 반복하여 듣고 따라 읽어 보세요.

1

他一次能喝五瓶酒。 나는 한 번에 다섯 병의 술을 마실 수 있어.

Tā yí cì néng hē wǔ píng jiǔ.

2

我能帮助你。 나를 너를 도와줄 수 있어.

Wǒ néng bāngzhù nǐ.

3

我不能走路。 나 길을 걸을 수 없어.

Wǒ bù néng zǒu lù.

걸을 줄 모른다는 뜻이 아니라,
상황이 여의치 못해서
걸을 수 없다는 뜻이에요.

4

剩下的菜能打包吗? 남은 음식 싸줄 수 있나요?

Shèngxia de cài néng dǎ bāo ma?

[단어] 一次 yí cì 한 번, 1회 | 瓶 píng [양] 병 | 帮助 bāngzhù [동] 돕다 | 剩下 shèngxia [동] 남다, 남기다 | 菜 cài [명] 음식

진짜 중국어 상황 회화

상황 회화를 통해 다시 한 번 패턴을 익혀 보세요.

상황 1

我们点的菜太多了，这太浪费了。
Wǒmen diǎn de cài tài duō le, zhè tài làngfèi le.
우리가 주문한 음식이 너무 많아, 이건 너무 낭비야.

你别担心，有我呢，肯定能吃完。
Nǐ bié dān xīn, yǒu wǒ ne, kěndìng néng chī wán.
걱정마, 내가 있잖아, 무조건 다 먹을 수 있어.

상황 2

我现在公司里有急事，所以我不能出去。
Wǒ xiànzài gōngsī li yǒu jíshì, suǒyǐ wǒ bù néng chūqu.
지금 회사에 급한 일이 있어서 나갈 수 없어.

好吧，那你什么时候能出来？
Hǎo ba, nà nǐ shénme shíhou néng chūlai?
알겠어, 그럼 언제 나올 수 있어?

[단어] 浪费 làngfèi [동] 낭비하다 | 肯定 kěndìng [부] 확실히, 틀림없이 | 急事 jíshì [명] 급한 일 | 出去 chūqu [동] 나가다 | 出来 chūlai [동] 나오다

DAY 28

성구현·진준의
음원 바로 듣기

 이 옷 입어봐도 돼?

안 돼! 비싼 거야.

☑ 다음 제시된 내용을 보고, 학습 전에 문장 구조를 익혀 보세요.

可以
kěyǐ

用
yòng

拍照
pāi zhào

试试
shìshi

121

진짜 중국어 패턴

☑ 앞에 제시된 표현을 생각하며 오늘의 패턴을 익혀보세요.

可以 [kěyǐ] ~해도 된다, ~해도 좋다

'可以'는 앞에서 배운 '能'과 같은 뜻인 '~할 수 있다' 말고도
'~해도 된다'라는 허락을 나타내는 뜻이 더 있어요.
즉 '~해도 돼요?'라고 표현할 때는 '可以~吗'라고 표현해요.

● 5번 반복해서 큰 소리로 읽습니다. [1] [2] [3] [4] [5]

상황 1

这块电池可以用三个月。 이 건전지는 삼 개월 동안 쓸 수 있어.
Zhè kuài diànchí kěyǐ yòng sān ge yuè.

상황 2

这儿不可以拍照。 여기에서 사진 찍으면 안 돼요.
Zhèr bù kěyǐ pāi zhào.

상황 3

我可以试试*这件衣服吗? 이 옷 좀 입어볼 수 있나요?
Wǒ kěyǐ shìshi zhè jiàn yīfu ma?

'试试'과 같이 동사를 반복하여 쓰는 것을 동사 중첩이라고 하며, '좀~하다, 한번 ~해보다'라는 뜻이에요.

[단어] 块 kuài [양] 덩어리, 조각(덩어리나 조각 모양의 물건을 세는 단위) | 电池 diànchí [명] 건전지 | 拍照 pāi zhào [동] 사진을 찍다 | 试试 shìshi [동] 한번 해보다, 시험 삼아 해보다

진짜 중국어 패턴 연습하기

다음 문장을 여러 번 반복하여 듣고 따라 읽어 보세요.

1

这台打印机可以打印彩色的文件。
Zhè tái dǎyìnjī kěyǐ dǎyìn cǎisè de wénjiàn.
이 프린터기는 컬러로 된 문서를 프린트할 수 있어.

2

你可以穿我的衣服。 너 내 옷 입어도 돼.
Nǐ kěyǐ chuān wǒ de yīfu.

3

你不可以在这儿抽烟。 당신은 여기에서 담배 피우시면 안 돼요.
Nǐ bù kěyǐ zài zhèr chōu yān.

4

我可以试试吗? 나 이거 해봐도 돼?
Wǒ kěyǐ shìshi ma?

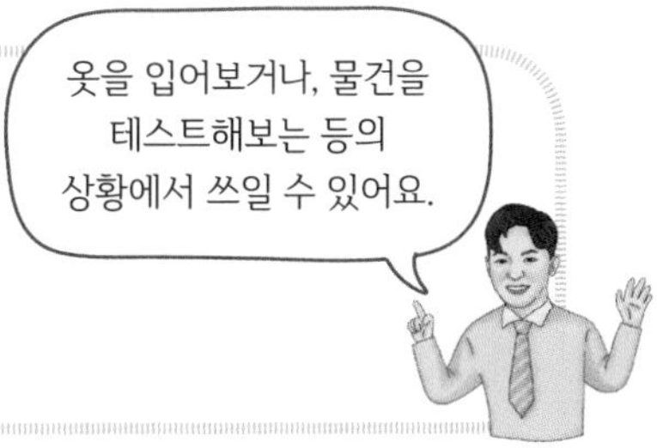
옷을 입어보거나, 물건을
테스트해보는 등의
상황에서 쓰일 수 있어요.

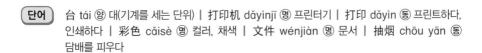

[단어] 台 tái [양] 대(기계를 세는 단위) | 打印机 dǎyìnjī [명] 프린터기 | 打印 dǎyìn [동] 프린트하다, 인쇄하다 | 彩色 cǎisè [명] 컬러, 채색 | 文件 wénjiàn [명] 문서 | 抽烟 chōu yān [동] 담배를 피우다

진짜 중국어 상황 회화

☑ 상황 회화를 통해 다시 한 번 패턴을 익혀 보세요.

상황 1

我可以试试这件衣服吗?
Wǒ kěyǐ shìshi zhè jiàn yīfu ma?
이 옷 좀 입어볼 수 있나요?

当然可以，试衣间在那里。
Dāngrán kěyǐ, shìyījiān zài nàli.
당연히 가능하죠, 피팅룸은 저쪽에 있어요.

상황 2

对不起先生，坐飞机不可以带饮料。
Duìbuqǐ xiānsheng, zuò fēijī bù kěyǐ dài yǐnliào.
죄송하지만 선생님, 기내에 음료수 반입이 안됩니다.

哦，知道了，那我在这里喝完。
Ò, zhīdao le, nà wǒ zài zhèli hē wán.
아, 알겠어요, 그럼 여기에서 다 마실게요.

단어) 试衣间 shìyījiān (명) 피팅룸 | 带 dài (동) 지니다, 휴대하다 | 饮料 yǐnliào 음료 | 哦 ò (감탄) 아, 왜(이해·납득·동의 따위를 나타냄) | 完 wán (동) 끝나다

DAY 29

재는 청소 중이야.

네가 좀 해라.

☑ 다음 제시된 내용을 보고, 학습 전에 문장 구조를 익혀 보세요.

打扫
dǎsǎo

正在 / 在
zhèngzài / zài

聊天儿
liáo tiānr

工作
gōngzuò

진짜 중국어 패턴

☑ 앞에 제시된 표현을 생각하며 오늘의 패턴을 익혀보세요.

在 [zài] / 正在 [zhèngzài]
~하고 있다, ~하고 있는 중이다

'在 zài'와 '正在 zhèngzài'는 '~하고 있는 중이다'라는
뜻으로 어떤 동작이 진행되고 있음을 나타내요.
진행형의 부정형은 '没在'로 '~하고 있지 않다'라는 의미를
나타낸다는 것도 기억하세요.

● 5번 반복해서 큰 소리로 읽습니다.　　　　　　1 2 3 4 5

상황
1

妈妈在打扫。　엄마는 청소하고 계셔.
Māma zài dǎsǎo.

상황
2

她们正在聊天儿。　그녀들은 한창 수다 떠는 중이야.
Tāmen zhèngzài liáo tiānr.

상황
3

他没在工作。　그는 일하고 있지 않아.
Tā méi zài gōngzuò.

단어　在 zài (부) ~하고 있다 | 打扫 dǎsǎo (동) 청소하다 | 正在 zhèngzài (부) 한창(마침) ~하고
있다 | 聊天儿 liáo tiānr (동) 수다 떨다, 이야기하다

진짜 중국어 패턴 연습하기

☑ 다음 문장을 여러 번 반복하여 듣고 따라 읽어 보세요.

1

我在喝茶(呢)。　나는 차를 마시고 있어.
Wǒ zài hē chá (ne).

2

她正在睡觉(呢)。　그녀는 한창 자고 있어.
Tā zhèngzài shuì jiào (ne).

3

我没在看你。　너 안 보고 있었거든.
Wǒ méi zài kàn nǐ.

4

你在听我说话吗?　너 지금 내가 말하는 거 듣고 있어?
Nǐ zài tīng wǒ shuō huà ma?

단어) 茶 chá 몡 차 | 睡觉 shuì jiào 통 (잠을) 자다

127

진짜 중국어 상황 회화

☑ 상황 회화를 통해 다시 한 번 패턴을 익혀 보세요.

상황 1

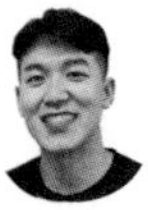

你在忙吗？*我请教你一个问题。

Nǐ zài máng ma? Wǒ qǐng jiào nǐ yí ge wèntí.

너 일하고 있어? 너한테 질문할 게 있는데.

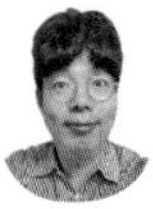

我在休息呢，你说说看。

Wǒ zài xiūxi ne, nǐ shuōshuo kàn.

나 지금 쉬고 있어, 얘기해봐.

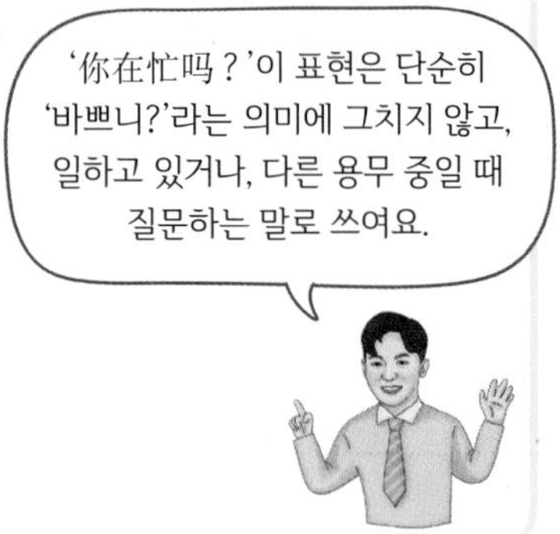
'你在忙吗？'이 표현은 단순히
'바쁘니?'라는 의미에 그치지 않고,
일하고 있거나, 다른 용무 중일 때
질문하는 말로 쓰여요.

상황 2

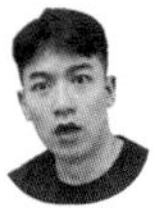

你在看什么？人来了*都不知道。

Nǐ zài kàn shénme? Rén lái le dōu bù zhīdào.

너 지금 뭘 보고 있어? 사람이 와도 모르고.

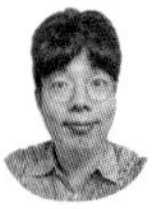

我在看一个重要的资料。

Wǒ zài kàn yí ge zhòngyào de zīliào.

나는 지금 중요한 자료를 보고 있어.

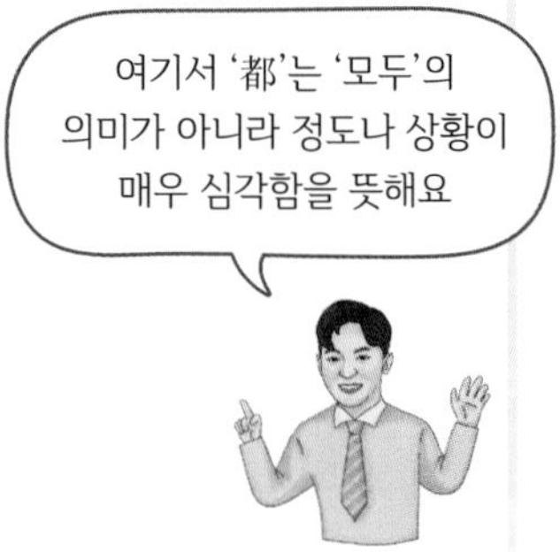
여기서 '都'는 '모두'의
의미가 아니라 정도나 상황이
매우 심각함을 뜻해요

[단어] 请教 qǐng jiào [동] 물어보다, 가르침을 청하다 | 重要 zhòngyào [형] 중요하다 | 资料 zīliào [명] 자료

DAY 30

성구현·진준의
음원 바로 듣기

나 어제 백화점에
안 갔어.

웬일이래?

✅ 다음 제시된 내용을 보고, 학습 전에 문장 구조를 익혀 보세요.

忘
wàng

发
fā

换
huàn

了
le

129

진짜 중국어 패턴

☑ 앞에 제시된 표현을 생각하며 오늘의 패턴을 익혀보세요.

了 [le] ~했다

'了 le'는 동사 뒤에 쓰여 완료와 실현을 나타내요.
부정을 나타낼 때는 '不'가 아닌 '没'를 사용해야 하고,
뒤에는 절대 '了'를 붙일 수 없다는 점 기억해 주세요.

● 5번 반복해서 큰 소리로 읽습니다.   ① ② ③ ④ ⑤

상황 1

我忘了微信账号的密码。   나 위챗 비밀번호를 잊어버렸어.
Wǒ wàng le wēixìn zhànghào de mìmǎ.

상황 2

他没发短信。   그는 문자 메시지를 보내지 않았어.
Tā méi fā duǎnxìn.

상황 3

你换手机了吗?   너 휴대 전화 바꿨니?
Nǐ huàn shǒujī le ma?

단어 了 le ㊌ ~했다 | 账号 zhànghào ㊅ 계정, ID | 密码 mìmǎ ㊅ 비밀번호 | 换 huàn ㊇ 바꾸다

진짜 중국어 패턴 연습하기

다음 문장을 여러 번 반복하여 듣고 따라 읽어 보세요.

1

我查看了邮件。 나 이메일 확인했어.

Wǒ chákàn le yóujiàn.

2

她写了一份报告。 그녀는 보고서를 작성했어.

Tā xiě le yí fèn bàogào.

3

我昨天没睡好*。 나 어제 잠을 잘 못 잤어.

Wǒ zuótiān méi shuì hǎo.

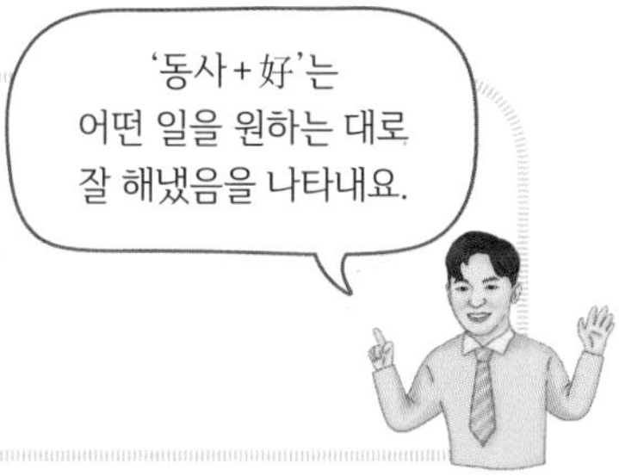
'동사+好'는
어떤 일을 원하는 대로
잘 해냈음을 나타내요.

4

你们听说了吗? 너희 그 얘기 들었니?

Nǐmen tīng shuō le ma?

[단어] 查看 chákàn [동] 확인하다 | 份 fèn [양] 부(신문이나 문건을 세는 단위)

진짜 중국어 상황 회화

☑ 상황 회화를 통해 다시 한 번 패턴을 익혀 보세요.

상황 ➊

我忘了微信账号的密码。
Wǒ wàng le wēixìn zhànghào de mìmǎ.
나 위챗 비밀번호 잊어버렸어.

好好儿想想。
Hǎohāor xiǎngxiang.
잘 생각해 봐.

상황 ➋

你今天看起来无精打采的，有什么事?
Nǐ jīntiān kàn qǐlai wú jīng dǎ cǎi de, yǒu shénme shì?
너 오늘 왜 이렇게 기운이 없어 보여? 무슨 일 있어?

> '只不过'는 '다만 ~뿐이야'라는 뜻으로
> 앞 뒤의 문장을 이어주는데 중요한 역할을 해요.

没有什么事，只不过昨天没睡好，现在很困。
Méiyǒu shénme shì, zhǐ bú guò zuótiān méi shuì hǎo,
xiànzài hěn kùn.
아무 일도 없어, 다만 어제 잠을 못 자서, 지금 졸려.

단어 好好儿 hǎohāor (부) 잘, 충분히 | 想 xiǎng (동) 생각하다 | 无精打采 wú jīng dǎ cǎi (성어)
의기소침하다, 기운이 없다 | 只不过 zhǐ bú guò 단지 ~일 뿐이다 | 困 kùn (동) 졸리다

연습문제 III

☑ 우리말에 맞게 중국어로 써 본 후 문장을 읽어 보세요.

1. 너는 대략 언제 도착해? (什么时候)
➡ ______________________________。

2. 베이징역은 어떻게 가나요? (怎么)
➡ ______________________________。

3. 너 왜 이렇게 게으르니? (为什么)
➡ ______________________________。

4. 나는 바리스타가 되고 싶어. (想)
➡ ______________________________?

5. 나는 다이어트를 하려고 해. (要)
➡ ______________________________。

6. 너 술 마실 줄 알아? (会)
➡ ______________________________。

7. 나는 너를 도와줄 수 있어. (能)
➡ ______________________________。

8. 여기에서 사진 찍으면 안 돼요. (不可以)
➡ ______________________________。

9. 너 지금 내가 말하는 거 듣고 있어? (在)
➡ ______________________________。

10. 그는 문자 메시지를 보내지 않았어. (没)
➡ ______________________________。

➡ 정답 p.272

성쌤의 알쏭달쏭 중국어

나 (팔 다쳐서) 운전 못 해.

→ 我不会开车。 ✗ 땡!

→ 我不能开车。 ○

'会'와 '能'의 차이점은 참 구별하기 어려워요.

운전을 할 줄 아는 사람이 팔을 다쳐서 운전을 못하게 되었어요.

이럴 때는 '不会'를 쓸까요? '不能'을 쓸까요? 장롱면허인 사람도

운전을 일단 할 줄 알 경우에는 '会开车'라고 표현해야 해요. 그런데

팔을 다쳐 잠시 못 하게 되었다면 '不能'이라고 해야 하죠.

팔을 다쳤다고 해서 운전을 갑자기 할 줄 모르게 된 것은

아니니까요!

DAY

31

성구현·진준의
음원 바로 듣기

형, 나 감기 걸렸어.

악! 저리 가!

☑ 다음 제시된 내용을 보고, 학습 전에 문장 구조를 익혀 보세요.

有
yǒu

下雪
xià xuě

二十三岁
èrshísān suì

了
le

진짜 중국어 패턴

☑ 앞에 제시된 표현을 생각하며 오늘의 패턴을 익혀보세요.

了 [le] ~되었다

'了'는 귀에 걸면 귀걸이, 코에 걸면 코걸이처럼 용법이 다양해요.
오늘 배울 '了 le'는 '~되었다', '~하게 되었다'라는 뜻으로
문장 끝에 놓여 상황이나 상태의 변화를 나타내요. 완료를
나타내는 '了'와 혼동하지 않도록 주의해야 해요.

● 5번 반복해서 큰 소리로 읽습니다.　　　　1 2 3 4 5

상황 1

我有男朋友了。　나 남자 친구가 생겼어.
Wǒ yǒu nánpéngyou le.

상황 2

外面下雪了。　밖에 눈이 와.
Wàimiàn xià xuě le.

상황 3

他今年二十三岁了。　그는 올해 스물세 살이야.
Tā jīnnián èrshísān suì le.

단어　了 le ㉿ ~되었다, ~하게 되었다 ┃ 外面 wàimiàn ㊝ 밖, 바깥 ┃ 下 xià ㉦ 내리다 ┃ 雪
xuě ㊝ 눈 ┃ 今年 jīnnián ㊝ 올해 ┃ 岁 suì ㉱ 세, 살(나이를 세는 단위)

진짜 중국어 패턴 연습하기

☑ 다음 문장을 여러 번 반복하여 듣고 따라 읽어 보세요.

1

考试成绩公布了。　시험 성적이 발표 났어.
Kǎoshì chéngjì gōngbù le.

2

天气暖和了。　날씨가 따뜻해졌어.
Tiānqì nuǎnhuo le.

3

你来了，我也放心了。　네가 왔으니 나도 안심이야.
Nǐ lái le, wǒ yě fàng xīn le.

4

好久不见，你瘦了。　오랜만이야, 날씬해졌네.
Hǎo jiǔ bú jiàn, nǐ shòu le.

단어　考试 kǎoshì 명 시험 동 시험하다 ｜ 成绩 chéngjì 명 성적 ｜ 公布 gōngbù 동 발표하다, 공표하다 ｜ 暖和 nuǎnhuo 형 따뜻하다 ｜ 放心 fàng xīn 동 안심하다 ｜ 瘦 shòu 동 마르다

137

진짜 중국어 상황 회화

☑ 상황 회화를 통해 다시 한 번 패턴을 익혀 보세요.

상황 1

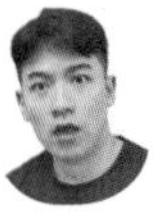

你喝醉了吗？你自己能回家吗？
Nǐ hē zuì le ma? Nǐ zìjǐ néng huí jiā ma?
너 취했어? 혼자 집에 갈 수 있겠어?

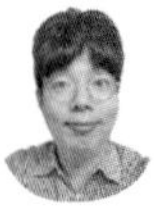

我没有喝醉，你别担心。
Wǒ méiyǒu hē zuì, nǐ bié dān xīn.
나는 취하지 않았어. 걱정 마.

상황 2

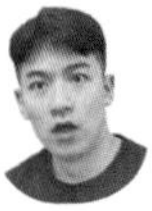

你脸色怎么这么差？
Nǐ liǎnsè zěnme zhème chà?
너 안색이 왜 이렇게 안 좋니?

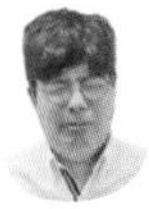

我感冒了，身体很不舒服。
Wǒ gǎnmào le, shēntǐ hěn bù shūfu.
감기에 걸려서 몸이 안 좋아.

[단어] 醉 zuì [동] 취하다 | 担心 dān xīn [동] 걱정하다, 염려하다 | 脸色 liǎnsè [명] 안색 | 差 chà [형] 나쁘다, 좋지 않다 | 感冒 gǎnmào [동] 감기에 걸리다 [명] 감기 | 舒服 shūfu [형] 편안하다

DAY 32

밖에 계속 비가 내려.

막걸리 한 잔 콜?

☑ 다음 제시된 내용을 보고, 학습 전에 문장 구조를 익혀 보세요.

拿
ná

开
kāi

着
zhe

亮
liàng

진짜 중국어 패턴

☑ 앞에 제시된 표현을 생각하며 오늘의 패턴을 익혀보세요.

着 [zhe] ~하고 있다

동사 뒤에 '着'를 써서 '~한 채로 있다'의 지속형을 만들 수 있어요. 또한 '서서 밥 먹어 站着吃饭 zhàn zhe chī fàn', '누워서 책 봐 躺着看书 tǎng zhe kàn shū' 등과 같이 두 가지 동작을 동시에 할 때도 사용할 수 있어요.

● 5번 반복해서 큰 소리로 읽습니다.  ⬜1 ⬜2 ⬜3 ⬜4 ⬜5

상황
1

他拿着一本书。 그는 책 한 권을 들고 있어.
Tā ná zhe yì běn shū.

상황
2

电视没开着。 텔레비전이 켜져 있지 않아.
Diànshì méi kāi zhe.

상황
3

办公室亮着灯吗? 사무실에 불 켜져 있니?
Bàngōngshì liàng zhe dēng ma?

단어 拿 ná 용 (손에) 들다, 가지다 | 着 zhe 조 ~하고 있다 | 开 kāi 용 (전원을) 켜다, (닫힌 것을) 열다 | 亮 liàng 용 빛나다 | 灯 dēng 명 등, 등불

진짜 중국어 패턴 연습하기

☑ 다음 문장을 여러 번 반복하여 듣고 따라 읽어 보세요.

1

你等着! 너 기다려!
Nǐ děng zhe!

이 표현은 단순히 '기다려'의 의미도 있지만, '어디 두고 보자'라는 관용적 표현으로도 많이 쓰여요.

2

门开着，你进来吧。 문 열려 있어, 들어와.
Mén kāi zhe, nǐ jìnlai ba.

3

我没躺着，我起床了。 나는 누워있지 않고, 일어났어.
Wǒ méi tǎng zhe, wǒ qǐ chuáng le.

4

上面写着地址吗? 위에 주소가 적혀 있나요?
Shàngmiàn xiě zhe dìzhǐ ma?

단어 躺 tǎng (통) 눕다 | 起床 qǐ chuáng (통) 일어나다, 기상하다 | 地址 dìzhǐ (명) 주소

진짜 중국어 상황 회화

상황 회화를 통해 다시 한 번 패턴을 익혀 보세요.

상황 1

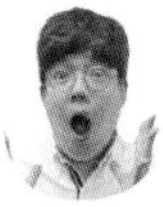

办公室亮着灯吗?
Bàngōngshì liàng zhe dēng ma?
사무실에 불 켜져 있니?

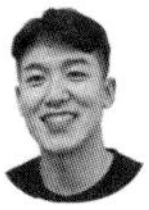

没有，灯都关了。
Méiyǒu, dēng dōu guān le.
아니, 불 다 껐어.

상황 2

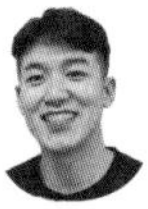

我穿着你送给我的衣服，这件衣服非常适合*我。谢谢你。
Wǒ chuān zhe nǐ sòng gěi wǒ de yīfu, zhè jiàn yīfu fēicháng shìhé wǒ. Xièxie nǐ.
내가 입고 있는 건 네가 준 옷이야. 이 옷 나한테 아주 잘 어울려. 고마워.

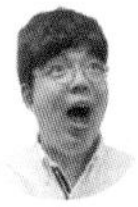

你穿着好看，我也非常开心。
Nǐ chuān zhe hǎokàn, wǒ yě fēicháng kāi xīn.
네가 입어서 예쁘니, 나도 기분이 아주 좋네.

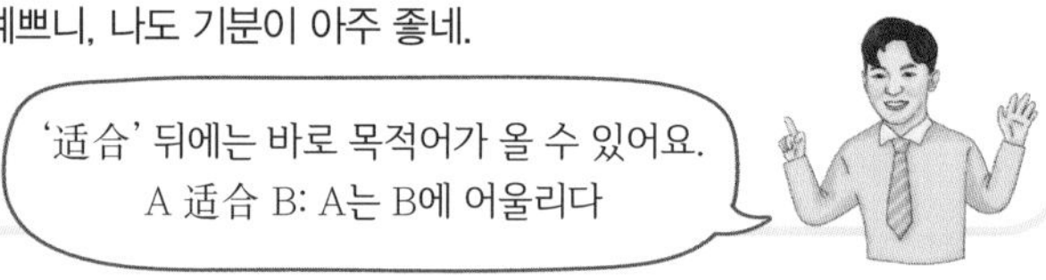
'适合' 뒤에는 바로 목적어가 올 수 있어요.
A 适合 B: A는 B에 어울리다

[단어] 关 guān (불이나 전원을) 끄다, (문을) 닫다 | 适合 shìhé [동] 어울리다 | 开心 kāi xīn [형] 즐겁다

DAY 33

성구현·진준의
음원 바로 듣기

나 중국에
가 본 적 있어.

나도 가고 싶다...

☑ 다음 제시된 내용을 보고, 학습 전에 문장 구조를 익혀 보세요.

去
qù

用
yòng

来
lái

过
guo

진짜 중국어 패턴

☑ 앞에 제시된 표현을 생각하며 오늘의 패턴을 익혀보세요.

过 [guo] ~한 적 있다

동사 뒤에 '过'를 쓰면 '~해 본 적이 있다'라는 뜻의 경험을 나타내요. 예를 들어 '먹어 본 적 있다, 가 본 적 있다, 들어 본 적 있다' 등의 표현은 무조건 동사 뒤에 '过'를 붙이면 되죠.

● 5번 반복해서 큰 소리로 읽습니다.　　　　① ② ③ ④ ⑤

상황 1

我去过中国。　나는 중국에 가 본 적 있어.
Wǒ qù guo Zhōngguó.

상황 2

我没用过这个东西。　나는 이 물건을 사용해 본 적 없어.
Wǒ méi yòng guo zhè ge dōngxi.

상황 3

你来过这里吗?　너는 여기 와 본 적 있니?
Nǐ lái guo zhèli ma?

단어　过 guo ㉓ ~한 적 있다 ∣ 中国 Zhōngguó [고유] 중국 ∣ 东西 dōngxi ㊅ 물건

☑ 다음 문장을 여러 번 반복하여 듣고 따라 읽어 보세요.

1

我们以前见过。 우리 전에 만난 적이 있어.
Wǒmen yǐqián jiàn guo.

2

我以前吃过麻辣烫。 나는 예전에 마라탕을 먹어 본 적 있어.
Wǒ yǐqián chī guo málàtàng.

3

我没看过这部电视剧。 나는 이 드라마 본 적 없어.
Wǒ méi kàn guo zhè bù diànshìjù.

4

我说过这样的话吗? 내가 그런 말을 한 적이 있다고?
Wǒ shuō guo zhè yàng de huà ma?

단어 | 以前 yǐqián 몡 예전, 이전 | 麻辣烫 málàtàng 몡 마라탕 | 部 bù 양 서적이나 영화 등을 세는 단위

진짜 중국어 상황 회화

☑ 상황 회화를 통해 다시 한 번 패턴을 익혀 보세요.

상황 ①

你去过中国吗?
Nǐ qù guo Zhōngguó ma?
너는 중국에 가 본 적 있니?

> '挺~的'는 '꽤 ~하다',
> '제법 ~하다'라는 뜻으로
> '挺 + 동사 / 형용사 + 的' 형식으로 쓰여
> 정도를 강조합니다.

我去过中国，但是食物不合胃口，挺不习惯的。
Wǒ qù guo Zhōngguó, dànshì shíwù bùhé wèikǒu, tǐng bù xíguàn de.
나는 중국에 가 본 적 있어. 그런데 음식이 입에 안 맞아서 힘들었어.

상황 ②

我没看过这部电视剧，有意思吗?
Wǒ méi kàn guo zhè bù diànshìjù, yǒu yìsi ma?
나는 이 드라마 본 적 없는데, 재미있니?

> '狗血'는 직역하면
> '개의 피'라는 뜻인데,
> 요즘 많이 쓰는 유행어로
> '스토리가 막장이다,
> 말도 안 된다, 어이가 없다'
> 등의 의미로 쓰여요.

演员都非常好，但是剧情很狗血!
Yǎnyuán dōu fēicháng hǎo, dànshì jùqíng hěn gǒu xiě!
배우들은 다 좋은데, 스토리가 막장이야.

 食物 shíwù 몡 음식 | 不合 bùhé 동 맞지 않다 | 挺 tǐng 분 매우, 아주 | 习惯 xíguàn 동 습관이 되다, 익숙해지다| 演员 yǎnyuán 몡 배우 | 剧情 jùqíng 몡 스토리

성구현·진준의
음원 바로 듣기

곧 방학이야.

좋겠다, 난 직딩이야.

☑ 다음 제시된 내용을 보고, 학습 전에 문장 구조를 익혀 보세요.

快(要) kuài(yào)	毕业 bì yè	了 le
	到 dào	
	熟 shú 	

진짜 중국어 패턴

☑ 앞에 제시된 표현을 생각하며 오늘의 패턴을 익혀보세요.

快(要) ~ 了 [kuài (yào) ~ le] 곧 ~하다

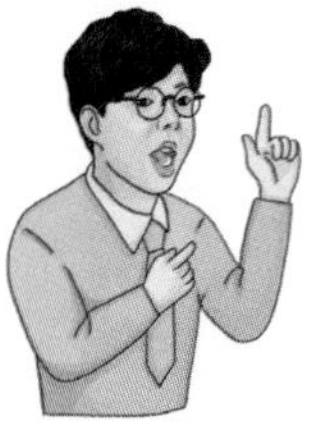

'快(要)~了'는 '곧 ~하다', '곧 ~하려고 하다'라는 뜻으로 어떤 일이 곧 일어나거나 발생할 것 같을 때 쓰는 표현이에요. '了'가 있지만 완료형이 절대 아니라는 점에 주의하세요.

● 5번 반복해서 큰 소리로 읽습니다. [1] [2] [3] [4] [5]

상황 1

我快(要)毕业了。 나는 곧 졸업해.

Wǒ kuài(yào) bì yè le.

상황 2

妈妈的生日快(要)到了。 엄마의 생신이 곧 다가와.

Māma de shēngrì kuài(yào) dào le.

상황 3

苹果快(要)熟了。 사과가 곧 익겠어.

Píngguǒ kuài(yào) shú le.

[단어] 快(要)~了 kuài(yào)~le 곧 ~하다 | 生日 shēngrì [명] 생일 | 到 dào [동] (날짜, 시간, 기간이) 되다 | 苹果 píngguǒ [명] 사과 | 熟 shú [형] (과일이나 곡식이) 익다

진짜 중국어 패턴 연습하기

☑ 다음 문장을 여러 번 반복하여 듣고 따라 읽어 보세요.

1

我快要睡着了。 나 곧 잠들어.

Wǒ kuàiyào shuì zháo le.

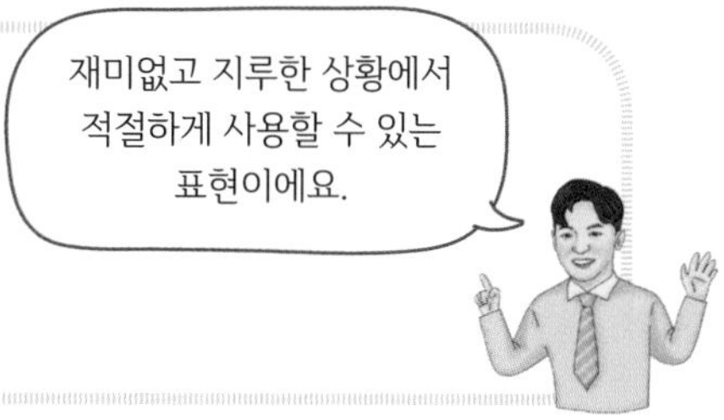
재미없고 지루한 상황에서
적절하게 사용할 수 있는
표현이에요.

2

我快要笑死了。 나 정말 웃다가 죽겠다.

Wǒ kuàiyào xiào sǐ le.

3

我们快迟到了。 우리 지각하겠어.

Wǒmen kuài chídào le.

4

手机快没电了。 휴대 전화 배터리가 얼마 안 남았어.

Shǒujī kuài méi diàn le.

[단어] 笑 xiào [동] 웃다 | 迟到 chídào [동] 지각하다, 늦다 | 电 diàn [명] 배터리

☑ 상황 회화를 통해 다시 한 번 패턴을 익혀 보세요.

상황 ①

妈妈的生日快到了，给她准备什么礼物好呢？
Māma de shēngrì kuài dào le, gěi tā zhǔnbèi shénme lǐwù hǎo ne?
엄마의 생신이 곧 다가와. 엄마께 무슨 선물을 드리면 좋을까?

我们买的礼物她不一定喜欢，给钱是最好的。
Wǒmen mǎi de lǐwù tā bù yídìng xǐhuan, gěi qián shì zuì hǎo de.
우리가 산 선물을 엄마가 반드시 좋아하는 것은 아니니까 돈을 드리는 게 제일 좋을 것 같아.

상황 ②

快要发工资了，但是又要交房租，还有要还贷款。
Kuàiyào fā gōngzī le, dànshì yòu yào jiāo fángzū, háiyǒu yào huán dàikuǎn.
곧 월급날이야. 그런데 집세도 내야하고, 대출금도 갚아야 하네.

那也是，发工资总是很开心。
Nà yě shì, fā gōngzī zǒngshì hěn kāi xīn.
그래도 월급날은 늘 즐거워.

단어 准备 zhǔnbèi (통) 준비하다 | 礼物 lǐwù (명) 선물 | 不一定 bù yídìng 반드시 ～한 것은 아니다 | 钱 qián (명) 돈 | 工资 gōngzī (명) 월급 | 交 jiāo (통) 주다, 내다 | 房租 fángzū (명) 집세 | 还 huán (통) 갚다, 돌려주다 | 贷款 dàikuǎn (명) 대출금

DAY 35

성구현·진준의
음원 바로 듣기

그는 나보다 커.

형이 190cm인데 형보다 커?

☑ 다음 제시된 내용을 보고, 학습 전에 문장 구조를 익혀 보세요.

我 Wǒ		他高 tā gāo
今天 Jīntiān	比 bǐ	昨天热 zuótiān rè
她 Tā		你聪明 nǐ cōngming

151

진짜 중국어 패턴

☑ 앞에 제시된 표현을 생각하며 오늘의 패턴을 익혀보세요.

比 [bǐ] ~보다

'比'는 '~보다', '~에 비해'라는 뜻이에요. 일반적으로 'A+比+B+술어' 형식으로 쓰여 'A는 B보다 ~하다'라는 의미를 나타내요. '比'가 들어간 비교문에는 '매우'의 의미를 가진 '很, 非常, 挺' 등의 정도 부사는 쓸 수 없어요.

● 5번 반복해서 큰 소리로 읽습니다.

상황 1

我的个子比他高。　나는 그보다 키가 커.
Wǒ de gèzi bǐ tā gāo.

상황 2

今天比昨天更/还热。　오늘이 어제보다 더 더워.
Jīntiān bǐ zuótiān gèng/hái rè.

상황 3

她不比你聪明。
Tā bù bǐ nǐ cōngming.

그녀는 너보다 똑똑하지 않아.(그녀는 너랑 비슷하게 똑똑해.)

단어　个子 gèzi 圐 키 ｜ 比 bǐ 꽨 ~보다, ~에 비해 ｜ 高 gāo 휑 (키가) 크다, (높이가) 높다 ｜ 更 gèng 𝗞 더, 더욱 ｜ 还 hái 𝗞 더, 더욱(比와 함께 쓰여 정도가 깊음을 나타냄)

진짜 중국어 패턴 연습하기

☑ 다음 문장을 여러 번 반복하여 듣고 따라 읽어 보세요.

1

今年夏天比以前热。　올 여름은 예전에 비해 더워.
Jīnnián xiàtiān bǐ yǐqián rè.

2

我比他更喜欢你。　나는 쟤보다 더 너를 좋아해.
Wǒ bǐ tā gèng xǐhuan nǐ.

3

你的条件不比他差。　너의 조건도 쟤 못지 않아. (기죽지 마)
Nǐ de tiáojiàn bù bǐ tā chà

4

我的实力不比他差。
Wǒ de shílì bù bǐ tā chà.
내 실력은 그보다 떨어지지 않아.(나와 그의 실력은 비슷하거나 같아.)

단어 夏天 xiàtiān 몡 여름 | 条件 tiáojiàn 몡 조건 | 差 chà 혱 차이가 나다 | 实力 shílì 몡 실력

진짜 중국어 상황 회화

상황 회화를 통해 다시 한 번 패턴을 익혀 보세요.

상황 1

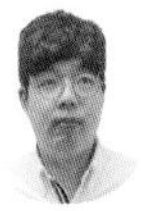

今天比昨天更热。
Jīntiān bǐ zuótiān gèng rè.
오늘이 어제보다 더 더워.

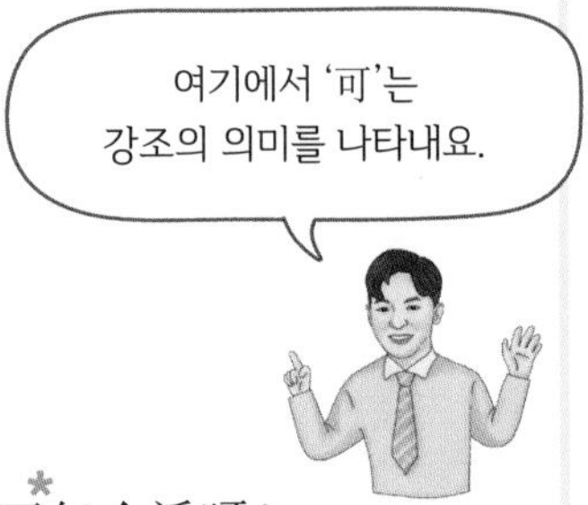
여기에서 '可'는
강조의 의미를 나타내요.

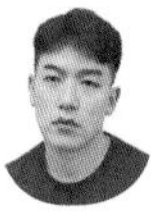

是啊，快要热死人了，没有空调可*怎么活呀！
Shì a, kuàiyào rè sǐ rén le, méiyǒu kōngtiáo kě zěnme huó ya!
그러게, 곧 쪄 죽겠다, 에어컨 없이 어떻게 살아!

상황 2

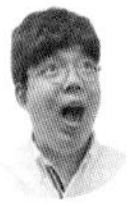

这家餐厅比那家还好吃吗？
Zhè jiā cāntīng bǐ nà jiā hái hǎochī ma?
이 식당이 저 식당보다 더 맛있니?

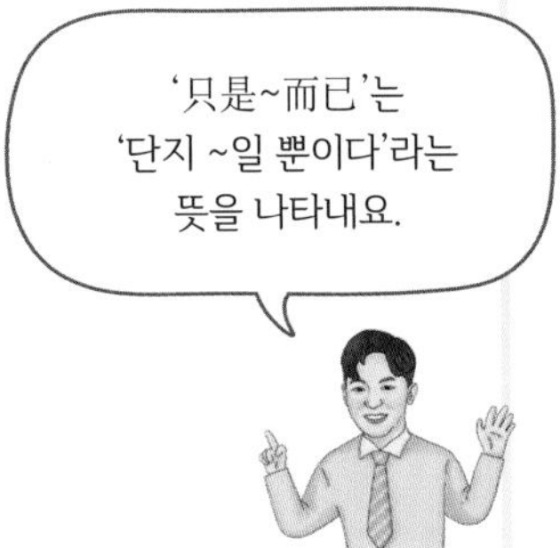
'只是~而已'는
'단지 ~일 뿐이다'라는
뜻을 나타내요.

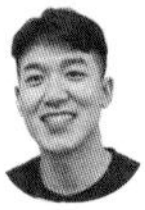

也不是，只是这家比较便宜而已*。
Yě bú shì, zhǐshì zhè jiā bǐjiào piányi éryǐ.
꼭 그런 건 아니야, 이 집이 더 저렴할 뿐이야.

[단어] 空调 kōngtiáo [명] 에어컨 | 而已 éryǐ [조] ~뿐이다

DAY 36

나 저 사람보다 중국어 못해.

형, 저 사람 중국인이야.

☑ 다음 제시된 내용을 보고, 학습 전에 문장 구조를 익혀 보세요.

我 Wǒ		她 tā
我 Wǒ	不如 bùrú	他细心 tā xìxīn
公交车 Gōngjiāochē		地铁快 dìtiě kuài

155

진짜 중국어 패턴

☑ 앞에 제시된 표현을 생각하며 오늘의 패턴을 익혀보세요.

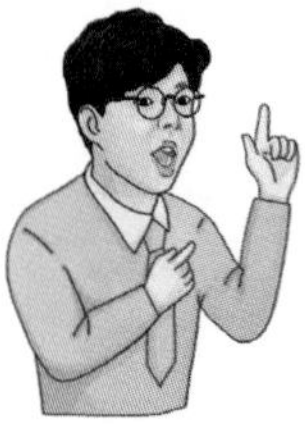

不如 [bùrú] ~만 못하다

'不如'는 '~만 못하다'라는 뜻으로 'A + 不如 + B'는
'A가 B만 못하다' 즉 'B가 낫다'의 뜻이에요.

● 5번 반복해서 큰 소리로 읽습니다. [1] [2] [3] [4] [5]

상황 1

我不如她。 나는 그녀보다 못해.
Wǒ bùrú tā.

상황 2

我不如他细心。 나는 그보다 세심하지 못해.
Wǒ bùrú tā xìxīn.

상황 3

上班时坐公交车不如坐地铁快。
Shàngbān shí zuò gōngjiāochē bùrú zuò dìtiě kuài.
출근할 때 버스를 타는 것보다 지하철 타는 것이 빨라.

[단어] 不如 bùrú [동] ~만 못하다, ~하는 편이 낫다 | 细心 xìxīn [형] 세심하다, 주의 깊다 | 快 kuài [형] 빠르다

진짜 중국어 패턴 연습하기

다음 문장을 여러 번 반복하여 듣고 따라 읽어 보세요.

1

我做菜的手艺不如我老公。 나의 음식 솜씨는 내 남편보다 못해.

Wǒ zuò cài de shǒuyì bùrú wǒ lǎogōng.

2

这台电脑的性能不如那台。

Zhè tái diànnǎo de xìngnéng bùrú nà tái.

이 컴퓨터의 성능은 저 컴퓨터보다 못해.

3

我的汉语发音不如她标准。

Wǒ de Hànyǔ fāyīn bùrú tā biāozhǔn.

나의 중국어 발음은 그녀보다 정확하지 않아.

4

天太热了，出去玩儿不如呆在家里舒服。

Tiān tài rè le, chūqu wánr bùrú dāi zài jiā li shūfu.

날이 더워, 밖에 나가 노는 것보다 집에 있는 게 편해.

[단어] 手艺 shǒuyì [명] 솜씨 | 老公 lǎogōng [명] 남편 | 性能 xìngnéng [명] 성능 | 台 tái [양] 대(기계나 차량 따위를 세는 단위) | 发音 fāyīn [명] 발음 | 标准 biāozhǔn [형] 정확하다 | 玩儿 wánr [동] 놀다

진짜 중국어 상황 회화

☑ 상황 회화를 통해 다시 한 번 패턴을 익혀 보세요.

 상황 ①

我做什么事情都不如你。
Wǒ zuò shénme shìqing dōu bùrú nǐ.
내가 무엇을 하든 너보다 못하네.

不能这样说，每个人都有自己的优点。
Bù néng zhè yàng shuō, měi ge rén dōu yǒu zìjǐ de yōudiǎn.
그렇게 말하면 안 돼. 사람마다 장점이 다 있는 거야.

상황 ②

听说这个周末天气很好，你有什么打算?
Tīngshuō zhè ge zhōumò tiānqì hěn hǎo, nǐ yǒu shénme dǎsuan?
이번 주말에 날씨가 좋을 거라는데, 너 뭐 할 생각이니?

最近工作有点累，我觉得出去玩儿不如在家里休息更
舒服。
Zuìjìn gōngzuò yǒudiǎn lèi, wǒ juéde chūqu wánr bùrú zài jiā li
xiūxi gèng shūfu.
요즘 일이 좀 힘들어서, 밖에 나가서 노는 것보다 집에서 쉬는 게 더 편할 거
같아.

단어 优点 yōudiǎn 명 장점

DAY 37

성구현·진준의
음원 바로 듣기

내 생각도 너와 같아.

오~ 웬일이래?

☑ 다음 제시된 내용을 보고, 학습 전에 문장 구조를 익혀 보세요.

我跟你
Wǒ gēn nǐ

一样
yíyàng

不一样
bù yíyàng

진짜 중국어 패턴

☑ 앞에 제시된 표현을 생각하며 오늘의 패턴을 익혀보세요.

> **A跟B一样 [A gēn B yíyàng] A는 B와 같다**
>
> 'A跟B一样'은 'A는 B와 같다'라는 뜻이에요.
> '跟' 대신 '和 hé'를 써도 같은 의미가 돼요.

● 5번 반복해서 큰 소리로 읽습니다.　　1 2 3 4 5

 상황 1

我的想法跟你一样。　내 생각도 너와 같아.
Wǒ de xiǎngfǎ gēn nǐ yíyàng.

상황 2

我跟你一样喜欢吃美食。　나는 너처럼 맛있는 음식을 좋아해.
Wǒ gēn nǐ yíyàng xǐhuan chī měishí.

 상황 3

我跟我妹妹的性格不一样。　나와 내 동생의 성격은 달라.
Wǒ gēn wǒ mèimei de xìnggé bù yíyàng.

단어　想法 xiǎngfǎ 몡 생각, 의견 | 跟 gēn 젭 ~와/과 | 一样 yíyàng 옝 같다 | 美食 měishí 몡 맛있는 음식

진짜 중국어 패턴 연습하기

☑ 다음 문장을 여러 번 반복하여 듣고 따라 읽어 보세요.

1

你的答案跟九铉的一样。　너의 답은 구현이 것과 똑같아.
Nǐ de dá'àn gēn jiǔxuàn de yíyàng.

2

今年夏天跟去年一样热。　올해 여름은 작년과 마찬가지로 더워.
Jīnnián xiàtiān gēn qùnián yíyàng rè.

3

我跟我老公一样喜欢孩子。
Wǒ gēn wǒ lǎogōng yíyàng xǐhuan háizi.
나와 우리 남편은 똑같이 아이를 좋아해.

4

我跟其他人不一样。　나는 다른 사람들과 달라.
Wǒ gēn qítā rén bù yíyàng.

단어　答案 dá'àn 몡 답, 정답 ｜ 去年 qùnián 몡 작년 ｜ 老公 lǎogōng 몡 남편 ｜ 其他 qítā 몡
다른, 기타, 그 외

161

진짜 중국어 상황 회화

☑ 상황 회화를 통해 다시 한 번 패턴을 익혀 보세요.

상황 1

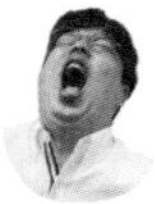

我跟你一样都是吃货*。
Wǒ gēn nǐ yíyàng dōu shì chīhuò.
나도 너랑 똑같이 먹깨비야.

'吃货'는 SNS에서
쓰기 시작하여 요즘은 누구나
자주 사용하는 유행어가 되었어요.
주로 먹는 것을 좋아하는 사람,
미식가, 먹보 등의 뜻으로 쓰여요.

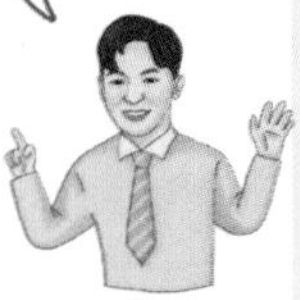

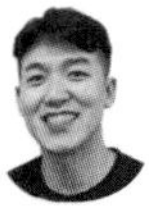

那太好了，我们分享一下彼此喜欢的店。
Nà tài hǎo le, wǒmen fēnxiǎng yíxià bǐcǐ xǐhuan de diàn.
잘됐다, 우리 서로 좋아하는 가게 정보 공유 하자.

상황 2

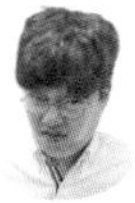

他最近每天都迟到。
Tā zuìjìn měitiān dōu chídào.
그는 요즘 매일 지각이야.

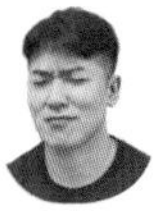

他现在的工作态度跟以前不一样。
Tā xiànzài de gōngzuò tàidù gēn yǐqián bù yíyàng.
그의 현재 업무 태도는 예전과 같지 않아.

[단어] 吃货 chīhuò [명] 먹깨비, 먹보, 미식가 | 分享 fēnxiǎng [동] 공유하다 | 彼此 bǐcǐ [명] 서로 | 态度 tàidù [명] 태도

DAY 38

성구현·진준의
음원 바로 듣기

온라인 가격은
오프라인과 비슷해.

진짜? 그럴리가...

☑ 다음 제시된 내용을 보고, 학습 전에 문장 구조를 익혀 보세요.

差不多
chàbuduō

这本书跟那本书
Zhè běn shū gēn nà
běn shū

差不多厚
chàbuduō hòu

差不多厚吗?
chàbuduō hòu ma?

진짜 중국어 패턴

☑ 앞에 제시된 표현을 생각하며 오늘의 패턴을 익혀보세요.

A跟B差不多＋(형용사) [A gēn B chàbuduō] A와 B는 비슷하다

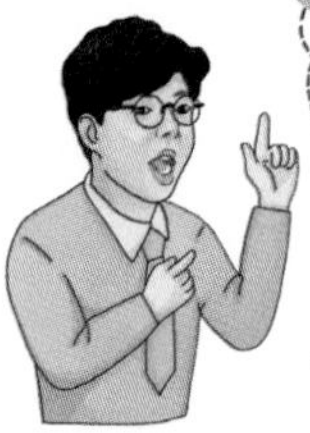

'A跟B差不多'는 'A와 B는 비슷하다'라는 뜻이에요.
여기에서도 '跟' 대신 '和 hé'를 사용할 수 있어요.

● 5번 반복해서 큰 소리로 읽습니다. [1] [2] [3] [4] [5]

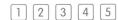

상황 1

他的年龄跟我爸爸差不多。 그의 나이는 우리 아빠와 비슷해.
Tā de niánlíng gēn wǒ bàba chàbuduō.

상황 2

这本书跟那本书差不多厚。 이 책은 그 책처럼 두꺼워.
Zhè běn shū gēn nà běn shū chàbuduō hòu.

상황 3

他的成绩跟我差不多吗？ 그의 성적은 나와 비슷하니?
Tā de chéngjì gēn wǒ chàbuduō ma?

[단어] 年龄 niánlíng [명] 연령, 나이 | A跟B差不多 A gēn B chàbuduō A와 B는 비슷하다 | 本 běn [양] 권(책을 세는 단위) | 厚 hòu [형] 두껍다

진짜 중국어 패턴 연습하기

☑ 다음 문장을 여러 번 반복하여 듣고 따라 읽어 보세요.

1

这两个手机差不多。　이 두 개의 휴대 전화는 비슷해.
Zhè liǎng ge shǒujī chàbuduō.

2

网上的价格跟实体店差不多。
Wǎngshàng de jiàgé gēn shítǐdiàn chàbuduō.
온라인 가격은 오프라인 매장과 비슷해.

3

她跟你差不多瘦。　그녀는 너처럼 말랐어.
Tā gēn nǐ chàbuduō shòu.

4

坐车去跟走路去差不多吗?
Zuò chē qù gēn zǒu lù qù chàbuduō ma?
차 타고 가든 걸어가든 비슷해?

단어　手机 shǒujī 몡 휴대 전화 | 价格 jiàgé 몡 가격 | 实体店 shítǐdiàn 몡 오프라인 매장 |
瘦 shòu 혱 마르다 | 坐车 zuò chē 통 차를 타다 | 走路 zǒu lù 통 길을 걷다

진짜 중국어 상황 회화

☑ 상황 회화를 통해 다시 한 번 패턴을 익혀 보세요.

상황 ❶

你们班主任多大年纪?
Nǐmen bānzhǔrèn duō dà niánjì?
너희 반 담임 선생님 연세가 어떻게 되시니?

我也不知道，看起来他的年龄跟我爸爸差不多。
Wǒ yě bù zhīdào, kàn qǐlai tā de niánlíng gēn wǒ bàba chàbuduō.
저도 잘 모르겠는데, 그의 나이는 우리 아빠와 비슷한 것 같아요.

상황 ❷

老板，这道菜有多辣?
Lǎobǎn, zhè dào cài yǒuduō là?
사장님, 이 요리는 얼마나 매워요?

> '有多+형용사'는
> 정도를 물어볼 때 써요.
>
> 예 有多大? 얼마나 커요?
> Yǒuduō dà?
> 有多冷? 얼마나 추워요?
> Yǒuduō lěng?

不是特别辣，跟辛拉面差不多辣。
Bú shì tèbié là, gēn Xīnlāmiàn chàbuduō là.
많이 매운 건 아니고요, 신라면이랑 비슷하게 매워요.

단어 班主任 bānzhǔrèn 몡 담임 선생님 ┃ 看起来 kàn qǐlai 보아하니 ┃ 道 dào 얭 요리를
세는 양사 ┃ 辣 là 혱 맵다 ┃ 辛拉面 Xīnlāmiàn 고유 신라면

DAY 39

그런 스타일 옷이
점점 유행이야.

형이 뭘 알아?

☑ 다음 제시된 내용을 보고, 학습 전에 문장 구조를 익혀 보세요.

越来越
yuèláiyuè

着急
zháo jí

黑
hēi

流行
liúxíng

진짜 중국어 패턴

☑ 앞에 제시된 표현을 생각하며 오늘의 패턴을 익혀보세요.

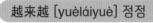

越来越 [yuèláiyuè] 점점

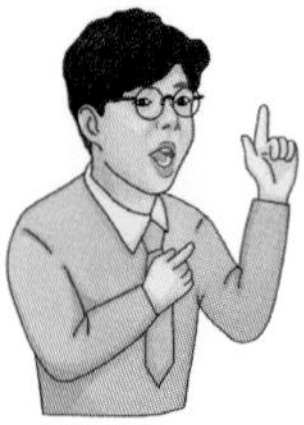

'越来越'는 '점점', '더욱더'라는 뜻으로 시간이 지남에 따라 정도가 심해짐을 나타내요. 보통 '了'가 습관적으로 붙어 '점점 ~해진다(해졌다)'로 쓰이는데, 생략도 가능해요.

● 5번 반복해서 큰 소리로 읽습니다. [1] [2] [3] [4] [5]

상황 1

我越来越着急(了)。 나는 점점 조급해져.

Wǒ yuèláiyuè zháo jí (le).

상황 2

天越来越黑(了)。 날이 점점 어두워져.

Tiān yuèláiyuè hēi (le).

상황 3

那种风格的衣服越来越流行(了)。

Nà zhǒng fēnggé de yīfu yuèláiyuè liúxíng (le).

그런 스타일의 옷이 점점 유행하고 있어.

[단어] 越来越 yuèláiyuè [부] 점점, 더욱더 | 黑 hēi [형] 어둡다 | 风格 fēnggé [명] 스타일, 풍격 | 流行 liúxíng [동] 유행하다

진짜 중국어 패턴 연습하기

다음 문장을 여러 번 반복하여 듣고 따라 읽어 보세요.

1

我越来越懒了。 나는 점점 게을러져.

Wǒ yuèláiyuè lǎn le.

2

他们店的生意越来越好了，人也越来越多。

Tāmen diàn de shēngyì yuèláiyuè hǎo le, rén yě yuèláiyuè duō.

그의 가게는 장사가 점점 잘 돼, 사람도 점점 많아져.

3

爷爷看起来越来越年轻。 보아하니 할아버지께서 점점 젊어지셔.

Yéye kàn qǐlai yuèláiyuè niánqīng.

4

儿子成绩下降，我越来越担心了。

Érzi chéngjì xiàjiàng, wǒ yuèláiyuè dān xīn le.

아들의 성적이 떨어지니, 저는 점점 걱정돼요.

[단어] 生意 shēngyì [명] 장사, 사업 | 爷爷 yéye [명] 할아버지 | 年轻 niánqīng [형] 젊다 | 儿子 érzi [명] 아들 | 下降 xiàjiàng [동] (성적, 등급, 수량 따위가) 떨어지다 | 担心 dān xīn [동] 걱정하다, 염려하다

진짜 중국어 상황 회화

☑ 상황 회화를 통해 다시 한 번 패턴을 익혀 보세요.

상황 ①

那个人穿的衣服真奇特。
Nà ge rén chuān de yīfu zhēn qítè.
저 사람이 입은 옷 정말 특이하다.

那种风格的衣服越来越流行了。
Nà zhǒng fēnggé de yīfu yuèláiyuè liúxíng le.
그런 스타일의 옷이 점점 유행하고 있어.

상황 ②

你最近脸色越来越好了，是不是有什么开心的事情？
Nǐ zuìjìn liǎnsè yuèláiyuè hǎo le, shì bu shì yǒu shénme kāi xīn de shìqing?
너 요즘 얼굴이 점점 좋아진다, 무슨 기쁜 일이라도 있니?

你还不知道吗？我马上就(要)结婚了。
Nǐ hái bù zhīdào ma? Wǒ mǎshàng jiù (yào) jié hūn le.
아직 몰랐어? 나 곧 결혼하잖아.

단어 奇特 qítè 옝 특이하다 ㅣ 脸色 liǎnsè 명 안색, 얼굴색 ㅣ 还 hái 튄 아직 ㅣ 马上 mǎshàng 튄 곧, 바로 ㅣ 结婚 jié hūn 통 결혼하다

성구현 · 진준의
음원 바로 듣기

비가 점점 더
세게 오네.

나는 우산 없다~

☑ 다음 제시된 내용을 보고, 학습 전에 문장 구조를 익혀 보세요.

越	下	越	大
yuè	xià	yuè	dà
	看		有魅力
	kàn		yǒu mèilì
	想		不理解
	xiǎng		bù lǐjiě

진짜 중국어 패턴

☑ 앞에 제시된 표현을 생각하며 오늘의 패턴을 익혀보세요.

越A越B [yuè A yuè B] A할수록 점점 더 B해진다

'越A越B'는 'A할수록 점점 더 B해진다'라는 뜻이에요.
'越吃越饿。Yuè chī yuè è. 먹을수록 배고파.' 제가 유학생 때 입에 달고 살았던 표현 중 하나죠. 그럼 다른 표현도 알아볼까요?

● 5번 반복해서 큰 소리로 읽습니다. ① ② ③ ④ ⑤

상황 1

雨越下越大。 비가 점점 세차게 내려.
Yǔ yuè xià yuè dà.

상황 2

这个人越看越有魅力。 이 사람은 보면 볼수록 매력적이야.
Zhè ge rén yuè kàn yuè yǒu mèilì.

상황 3

我越想越不理解。 나는 생각하면 할수록 이해가 되지 않아.
Wǒ yuè xiǎng yuè bù lǐjiě.

단어 越A越B yuè A yuè B A할수록 점점 더 B해진다 | 魅力 mèilì (형) 매력있다 | 理解 lǐjiě (동) 이해하다 (명) 이해

진짜 중국어 패턴 연습하기

☑ 다음 문장을 여러 번 반복하여 듣고 따라 읽어 보세요.

1

最近越吃越胖。   요즘 점점 더 먹고 점점 살도 쪄.
Zuìjìn yuè chī yuè pàng.

2

天气越好，人越多。   날씨가 좋을수록 사람도 더 많아.
Tiānqì yuè hǎo, rén yuè duō.

3

我越想越不对劲。   생각하면 생각할수록 아닌 것 같아. (뭔가 이상해.)
Wǒ yuè xiǎng yuè búduìjìn.

4

这个人越说越起劲儿。
Zhè ge rén yuè shuō yuè qǐjìnr.
이 사람은 말하면 말할수록 점점 흥이 나네.

> '越＋동사＋越起劲儿'은 어떤 행동을 하다가 스스로 흥에 젖어 점점 더 몰입하거나 탄력이 붙는 상황을 표현하는 관용구예요.

 不对劲 búduìjìn 이상하다, 문제가 있다 ∣ 起劲儿 qǐjìnr ⑤ 흥이 나다

173

진짜 중국어 상황 회화

☑ 상황 회화를 통해 다시 한 번 패턴을 익혀 보세요.

상황 ❶

这个人越看越有魅力。
Zhè ge rén yuè kàn yuè yǒu mèilì.
이 사람은 보면 볼수록 매력적이야.

是啊，性格好、工作能力强，好像所有人都喜欢他。
Shì a, xìnggé hǎo、 gōngzuò nénglì qiáng, hǎoxiàng suǒyǒu rén dōu xǐhuan tā.
맞아, 성격도 좋고, 일도 잘해서 모든 사람들이 좋아하는 것 같아.

상황 ❷

我觉得钱越多越觉得不够花。
Wǒ juéde qián yuè duō yuè juéde bú gòu huā.
나는 돈이 많으면 많을수록 더 모자라는 것 같아.

人就是这样，知道满足才是最重要的。
Rén jiùshì zhèyàng, zhīdao mǎnzú cái shì zuì zhòngyào de.
사람은 원래 그래, 만족을 아는 것이 제일 중요해.

단어 能力 nénglì 몡 능력 | 强 qiáng 혱 우월하다, 강하다 | 好像 hǎoxiàng 뷔 마치 ~인 것 같다 | 花 huā 동 쓰다, 소비하다 | 满足 mǎnzú 혱 만족하다 | 重要 zhòngyào 혱 중요하다

연습문제 Ⅳ

☑ 우리말에 맞게 중국어로 써 본 후 문장을 읽어 보세요.

1 나 남자 친구가 생겼어. （了）

➡ _____ 。

2 텔레비전이 켜져 있지 않아. （没 / 着）

➡ _____ 。

3 우리 전에 만난 적이 있어. （过）

➡ _____ 。

4 나 정말 웃다가 죽겠다. （快要~了）

➡ _____ ?

5 올 여름은 예전에 비해 더워. （比）

➡ _____ 。

6 나는 그보다 세심하지 못해. （不如）

➡ _____ 。

7 나는 너처럼 맛있는 음식을 좋아해. （跟~一样）

➡ _____ 。

8 온라인 가격은 오프라인 매장과 비슷해. （跟~差不多）

➡ _____ 。

9 그런 스타일의 옷이 점점 유행하고 있어. （越来越~了）

➡ _____ 。

10 비가 점점 세차게 내려. （越~越~）

➡ _____ 。

➡ 정답 p.272

 나는 누워서 TV 봐.

→ 我在躺着看电视。 ✗ 땡!

→ 我躺着看电视。 ○

 우리 말로 '~한 채로'라는 말을 잘 안 쓰기 때문에
수업할 때 보면 중국어의 '在(진행)'와 '着(지속)'를
헷갈려 하시는 것 같아요.
쉽게 기억하는 방법은 '서서 ~을 한다, 앉아서 ~을 한다,
누워서 ~을 한다'라고 할 때는 무조건 '着'를 붙이면 돼요.
'站着~, 坐着~, 躺着~' 이렇게요. 몇 가지 예문만 잘 기억해
놓으시면 크게 헷갈리지 않습니다.

성구현·진준의
음원 바로 듣기

걱정하지 마.

형 일 아니라고 쉽게 말하지 마.

☑ 다음 제시된 내용을 보고, 학습 전에 문장 구조를 익혀 보세요.

別
Bié

担心
dān xīn

喝酒
hē jiǔ

浪费
làngfèi

177

진짜 중국어 패턴

☑ 앞에 제시된 표현을 생각하며 오늘의 패턴을 익혀보세요.

別 [bié] ~하지 마라

'別'는 '~하지 마라'라는 뜻으로 어떤 동작이나 행위를 하지 말라는 의미를 나타내요. '別' 대신 '不要 búyào'를 써도 같은 의미가 돼요.

● 5번 반복해서 큰 소리로 읽습니다. ①②③④⑤

상황 1

別担心。 걱정하지 마.
Bié dān xīn.

상황 2

別喝太多酒。 술 많이 마시지 마.
Bié hē tài duō jiǔ.

상황 3

別(不要)浪费水。 물 낭비하지 마.
Bié(Búyào) làngfèi shuǐ.

단어 別 bié (부) ~하지 마라 | 太 tài (부) 너무, 지나치게 | 不要 búyào (부) ~하지 마라 | 浪费 làngfèi (동) 낭비하다 | 水 shuǐ (명) 물

진짜 중국어 패턴 연습하기

다음 문장을 여러 번 반복하여 듣고 따라 읽어 보세요.

1

别管我。 나를 상관하지 마. (나 좀 내버려 둬.)

Bié guǎn wǒ.

2

别说谎。 거짓말 하지마.

Bié shuō huǎng.

3

不要忘了给我打电话。

Búyào wàng le gěi wǒ dǎ diànhuà.

나한테 전화하는 거 잊지 마.

'别(不要)忘'은 뒤에 항상 '了'를 붙여 '~하게 되는 불상사를 막아달라'는 의미로 사용해요.

4

不要再问那件事了。 그 일에 대해 더 이상 묻지 마.

Búyào zài wèn nà jiàn shì le.

[단어] 管 guǎn [동] 관여하다, 상관하다 | 说谎 shuō huǎng [동] 거짓말하다

진짜 중국어 상황 회화

☑ 상황 회화를 통해 다시 한 번 패턴을 익혀 보세요.

상황 1

我很担心这次面试。
Wǒ hěn dān xīn zhè cì miànshì.
나 이번 면접 걱정돼.

别担心，你肯定没问题。
Bié dān xīn, nǐ kěndìng méi wèntí.
걱정하지 마. 넌 틀림없이 문제 없을 거야.

상황 2

不要乱*扔垃圾，这些东西应该扔垃圾桶里！
Búyào luàn rēng lājī, zhèxiē dōngxi yīnggāi rēng lājītǒng li!
쓰레기를 함부로 버리지 마, 이것들은 쓰레기통에 버려!

知道了，下次我一定会注意！
Zhīdao le, xià cì wǒ yídìng huì zhù yì!
알겠어, 다음부터는 꼭 주의할게!

'乱'은 형용사로 쓰이면
'지저분하다, 어지럽다' 라는
뜻이지만, 동사 앞에서 부사로
쓰이면 '함부로', '마구'라는
뜻으로 쓰여요.

[단어] 次 cì [양] 번, 횟수 | 面试 miànshì [명] 면접 [동] 면접하다 | 肯定 kěndìng [부] 틀림없이, 반드시 | 问题 wèntí [명] 문제 | 乱 luàn [부] 함부로, 마구 | 扔 rēng [동] 버리다 | 垃圾 lājī [명] 쓰레기 | 垃圾桶 lājītǒng [명] 쓰레기통 | 会 huì [조동] ~할 것이다, ~일 것이다 | 注意 zhù yì [동] 주의하다

DAY 42

그녀는 아마
잊어버렸을 거야.

설마... 나를?

☑ 다음 제시된 내용을 보고, 학습 전에 문장 구조를 익혀 보세요.

可能
kěnéng

忘记
wàngjì

反对
fǎnduì

没下飞机
méi xià fēijī

진짜 중국어 패턴

☑ 앞에 제시된 표현을 생각하며 오늘의 패턴을 익혀보세요.

可能 [kěnéng] 아마도

'可能'은 '아마도'라는 뜻으로 어떤 일이 생길 수 있다고 추측하거나 예측할 때 쓰는 표현이에요.
뒤에 '吧 ba'를 붙여 '可能吧 kěnéng ba'라고 하면 '아마 그럴 걸!'이라는 뜻이 돼요.

● 5번 반복해서 큰 소리로 읽습니다.   ① ② ③ ④ ⑤

상황 1

她可能忘记了。　그녀는 아마 잊어버렸을 거야.
Tā kěnéng wàngjì le.

상황 2

父母可能会反对。　부모님은 아마 반대하실 거야.
Fùmǔ kěnéng huì fǎnduì.

상황 3

可能他还没下飞机吧。
Kěnéng tā hái méi xià fēijī ba.
아마 그는 비행기에서 내리지 않았을 거야.

단어 | 可能 kěnéng (부) 아마도 | 忘记 wàngjì (동) 잊어버리다 | 父母 fùmǔ (명) 부모님 | 反对 fǎnduì (동) 반대하다 (명) 반대 | 下 xià (동) (높은 곳에서 낮은 곳으로) 내려가다 | 飞机 fēijī (명) 비행기

진짜 중국어 패턴 연습하기

☑ 다음 문장을 여러 번 반복하여 듣고 따라 읽어 보세요.

1

他可能喜欢你。 그가 아마도 너를 좋아하나 봐.

Tā kěnéng xǐhuan nǐ.

2

她昨晚可能熬夜了。 그녀는 어제저녁 아마도 밤을 새웠을 거야.

Tā zuówǎn kěnéng áo yè le.

3

他可能不想见你。 그는 아마 너를 만나고 싶지 않은 것 같아.

Tā kěnéng bù xiǎng jiàn nǐ.

4

可能(是)我听错了(吧)。

Kěnéng (shì) wǒ tīng cuò le (ba).

아마 내가 잘못 들었나 봐.

'可能'이 맨 앞에 올 때는 '是'과
함께 쓰이거나 생략될 수 있어요.
마지막에 '吧'를 넣어주면
불확실함이 더욱 강조 돼요.

[단어] 昨晚 zuówǎn 어제저녁 | 熬夜 áo yè [동] 밤을 새우다 | 错 cuò [형] 틀리다

진짜 중국어 상황 회화

☑ 상황 회화를 통해 다시 한 번 패턴을 익혀 보세요.

상황 1

我想去美国留学，你觉得我父母会同意吗？
Wǒ xiǎng qù Měiguó liú xué, nǐ juéde wǒ fùmǔ huì tóngyì ma?
나 미국으로 유학 가고 싶은데, 우리 부모님이 동의하실 거라고 생각하니?

我觉得你父母可能会反对。
Wǒ juéde nǐ fùmǔ kěnéng huì fǎnduì.
내 생각에 너의 부모님은 아마 반대하실 거야.

상황 2

你不是说他今天不来吗？看，那是谁？
Nǐ bú shì shuō tā jīntiān bù lái ma? Kàn, nà shì shéi?
그는 오늘 오지 않는다고 네가 그랬잖아? 봐, 저게 누구야?

他怎么来了，可能是我记错了吧。
Tā zěnme lái le, kěnéng shì wǒ jì cuò le ba.
걔가 어떻게 왔지, 아마도 내가 잘못 기억했나 봐.

[단어] 同意 tóngyì [동] 동의하다 [명] 동의 | 反对 fǎnduì [동] 반대하다

DAY 43

이 예능 프로그램
정말 웃겨.

설마, 무한**? 컴백?

☑ 다음 제시된 내용을 보고, 학습 전에 문장 구조를 익혀 보세요.

脏
zāng

太
tài

感谢
gǎnxiè

了
le

大
dà

진짜 중국어 패턴

☑ 앞에 제시된 표현을 생각하며 오늘의 패턴을 익혀보세요.

太~了 [tài~le] 너무 ~하다

'太~了'는 '너무~하다'라는 뜻을 나타내는 강조 표현이에요.

● 5번 반복해서 큰 소리로 읽습니다. [1] [2] [3] [4] [5]

상황 1

衣服太脏了。 옷이 너무 더러워.

Yīfu tài zāng le.

상황 2

我太感谢你了。 정말 당신에게 감사해요.

Wǒ tài gǎnxiè nǐ le.

상황 3

我家的客厅不太大。 우리 집 거실은 그다지 크지 않아.

Wǒ jiā de kètīng bú tài dà.

[단어] 脏 zāng [형] 더럽다 | 太~了 tài ~ le 너무 ~하다 | 感谢 gǎnxiè [동] 감사하다 | 客厅 kètīng [명] 거실

진짜 중국어 패턴 연습하기

☑ 다음 문장을 여러 번 반복하여 듣고 따라 읽어 보세요.

1

你太厉害了! 너 정말 대단해!
Nǐ tài lìhai le!

> 말하는 사람의 말투와 상황에 따라 칭찬일 수도 있고, '참, 대~단하다'의 비꼬는 어감이 될 수도 있어요.

2

家离公司太远了。 집에서 회사까지 너무 멀어.
Jiā lí gōngsī tài yuǎn le.

3

这个综艺节目太搞笑了。 이 예능 프로그램은 정말 웃겨.
Zhè ge zōngyì jiémù tài gǎoxiào le.

4

我不太明白你的意思。
Wǒ bú tài míngbai nǐ de yìsi.
나는 너의 의미를 잘 모르겠어.(나는 무슨 말인지 모르겠어.)

단어 离 lí ㉠ ~에서 | 远 yuǎn ㉮ 멀다 | 综艺 zōngyì 예능, 버라이어티 | 节目 jiémù ㉱ 프로그램 | 搞笑 gǎoxiào ㉭ 웃기다 | 明白 míngbai ㉮ 알다, 이해하다 | 意思 yìsi ㉱ 뜻, 의미

진짜 중국어 상황 회화

☑ 상황 회화를 통해 다시 한 번 패턴을 익혀 보세요.

상황 ①

多亏你的帮助，我的事情顺利解决了。太感谢你了！
Duōkuī nǐ de bāngzhù, wǒ de shìqing shùnlì jiějué le. Tài gǎnxiè nǐ le!
네 덕분에 내 일이 잘 해결되었어, 너무 고마워!

你也太客气了！咱俩谁跟谁呀！*
Nǐ yě tài kèqi le! Zán liǎ shéi gēn shéi ya!
너 너무 내외한다! 우리끼리 무슨!

'咱俩谁跟谁呀!'는 상대방이 지나치게 예의를 차릴 때 쓸 수 있는 관용어예요.

상황 ②

药太苦了！我不吃行不行？
Yào tài kǔ le! Wǒ bù chī xíng bu xíng?
약이 너무 써요! 안 먹어도 돼요?

不行，良药苦口！你必须要喝完。
Bùxíng, liáng yào kǔ kǒu! Nǐ bìxū yào hē wán.
안 돼, 입에 쓴 약이 몸에 좋은 거야! 너 꼭 다 먹어야 돼.

단어 多亏 duōkuī (부) 덕분에, 다행히 | 顺利 shùnlì (형) 순조롭다 | 解决 jiějué (동) 해결하다 | 行 xíng (동) 하다, 실행하다 | 不行 bùxíng (동) 안 된다 | 良药苦口 liáng yào kǔ kǒu (성어) 좋은 약이 입에 쓰다 | 必须 bìxū (부) 반드시

DAY 44

나는 자주 인터넷 쇼핑을 해.

돈 좀 아껴서 나한테 투자해!

☑ 다음 제시된 내용을 보고, 학습 전에 문장 구조를 익혀 보세요.

网购
wǎnggòu

经常
jīngcháng

感冒
gǎnmào

加班
jiā bān

진짜 중국어 패턴

☑ 앞에 제시된 표현을 생각하며 오늘의 패턴을 익혀보세요.

经常 [jīngcháng] 늘, 자주

'经常'은 '늘', '자주'라는 뜻으로 술어 앞에 놓여 자주 발생하는
일에 사용해요. 이미 일어난 일이라고 해서 뒤에 '了'를 붙이는
실수를 하기 쉬워요. 절대 뒤에 '了'를 붙이면 안 돼요.

● 5번 반복해서 큰 소리로 읽습니다.　　　1 2 3 4 5

 상황 1

我经常网购。 나는 자주 인터넷 쇼핑을 해.
Wǒ jīngcháng wǎnggòu.

상황 2

她平时很健康，不常感冒。
Tā píngshí hěn jiànkāng, bù cháng gǎnmào.
그녀는 평소에 매우 건강해서, 자주 감기에 걸리지 않아.

 상황 3

你月末经常加班吗? 너는 월말에 자주 야근하니?
Nǐ yuèmò jīngcháng jiā bān ma?

단어　经常 jīngcháng (부) 늘, 자주 ┃ 网购 wǎnggòu (동) 인터넷 쇼핑을 하다 ┃ 平时 píngshí (명)
평소 ┃ 健康 jiànkāng (형) 건강하다 ┃ 月末 yuèmò (명) 월말

진짜 중국어 패턴 연습하기

☑ 다음 문장을 여러 번 반복하여 듣고 따라 읽어 보세요.

1

我经常失眠。 나는 자주 불면에 시달려.
Wǒ jīngcháng shīmián.

2

上学的时候*, 我经常迟到。
Shàng xué de shíhou, wǒ jīngcháng chídào.
학창 시절에 나는 자주 지각을 했어.

> '~的时候'는 '~할 때'라는 뜻이에요. 보통 앞에 '的'를 생략하는 실수를 자주 하는데, 앞에 동사가 있으면 꼭 써야 해요.

3

我很懒, 不常运动。 나는 게을러서 자주 운동을 하지 않아.
Wǒ hěn lǎn, bù cháng yùndòng.

4

你周末经常来这儿喝茶吗?
Nǐ zhōumò jīngcháng lái zhèr hē chá ma?
너는 주말에 자주 이곳에 와서 차를 마시니?

단어 失眠 shīmián (동) 잠을 이루지 못하다 | 迟到 chídào (동) 지각하다 | 懒 lǎn (형) 게으르다

진짜 중국어 상황 회화

☑ 상황 회화를 통해 다시 한 번 패턴을 익혀 보세요.

상황 1

哇，你家门口快递真多！
Wā, nǐ jiā ménkǒu kuàidì zhēn duō!
와! 너희 집 문 앞에 택배 진짜 많다!

我觉得网购更方便，而且更实惠*！
Wǒ juéde wǎnggòu gèng fāngbiàn, érqiě gèng shíhuì!
내 생각에 인터넷 쇼핑이 더 편하고, 게다가 더 경제적이고 실속 있는 것 같아.

'实惠'는 적은 돈과 시간으로 더 좋은 제품을 살 때 쓰는 표현으로 '가성비가 좋다, 경제적이다' 등의 의미로 해석할 수 있어요.

상황 2

我下班后不想做饭，晚饭经常点外卖。
Wǒ xià bān hòu bù xiǎng zuò fàn, wǎnfàn jīngcháng diǎn wàimài.
나는 퇴근 후 요리를 하고 싶지 않아서, 저녁을 자주 배달 시켜.

外卖不一定卫生，最好还是自己做。
Wàimài bù yídìng wèishēng, zuìhǎo háishi zìjǐ zuò.
배달 음식이 꼭 위생적인 것은 아니니, 가장 좋은 것은 스스로 해먹는 거야.

[단어] 门口 ménkǒu [명] 현관, 입구 | 快递 kuàidì [명] 택배 | 方便 fāngbiàn [형] 편리하다 | 实惠 shíhuì [형] 실속이 있다 | 外卖 wàimài [명] 배달 음식 | 不一定 bù yídìng 반드시 ~하는 것은 아니다 | 最好 zuìhǎo [부] 가장 좋다 | 还是 háishi [부] ~하는 편이 좋다

성구현·진준의
음원 바로 듣기

DAY 45

나는 주말에 줄곧
방콕했어.

나는 진짜 방콕 다녀왔는데...

☑ 다음 제시된 내용을 보고, 학습 전에 문장 구조를 익혀 보세요.

一直
yìzhí

窝在家里
wō zài jiā li

往西走
wǎng xī zǒu

不退烧
bú tuì shāo

진짜 중국어 패턴

앞에 제시된 표현을 생각하며 오늘의 패턴을 익혀보세요.

一直 [yìzhí] 계속, 줄곧

'一直'는 '계속', '줄곧'이라는 뜻이에요. 중국에서 택시 타고 '一直走！ Yìzhí zǒu!'라고 말하면 '직진해 주세요!'라는 뜻이 되죠. 오늘은 일단 직진만 배워볼게요.

5번 반복해서 큰 소리로 읽습니다. [1] [2] [3] [4] [5]

상황 1

我周末一直窝在家里。 나는 주말에 줄곧 방콕했어.

Wǒ zhōumò yìzhí wō zài jiā li.

상황 2

出了地铁站一直往西走。

Chū le dìtiězhàn yìzhí wǎng xī zǒu.

지하철 역에서 나와 곧장 서쪽으로 가세요.

상황 3

他一直不退烧。 그는 줄곧 열이 내리지 않아.

Tā yìzhí bú tuì shāo.

[단어] 窝 wō [동] 한 곳에 틀어박혀 있다 | 站 zhàn [명] 역, 정거장 | 往 wǎng [전] ~쪽으로, ~을(를) 향해 | 退烧 tuì shāo [동] 열이 내리다

진짜 중국어 패턴 연습하기

☑ 다음 문장을 여러 번 반복하여 듣고 따라 읽어 보세요.

1

她的电话一直占线。　그녀는 계속 통화 중이야.
Tā de diànhuà yìzhí zhàn xiàn.

2

他上课的时候一直玩儿手机。
Tā shàng kè de shíhou yìzhí wánr shǒujī.
그는 수업 시간에 줄곧 휴대 전화를 가지고 놀아.

3

一直往前走，马上就能找到。
Yìzhí wǎng qián zǒu, mǎshàng jiù néng zhǎodào.
계속 앞으로 걷다 보면, 금방 찾을 수 있어요.

4

我这几年一直没回过老家。
Wǒ zhè jǐ nián yìzhí méi huí guo lǎojiā.
나 요 몇 년 동안 고향에 한 번도 못 갔어.

단어 占线 zhàn xiàn 圖 (전화가) 통화 중이다 | 回 huí 圖 돌아가다(오다) | 老家 lǎojiā 圕 고향

진짜 중국어 상황 회화

☑ 상황 회화를 통해 다시 한 번 패턴을 익혀 보세요.

상황 ①

我周末一直窝在家里。
Wǒ zhōumò yìzhí wō zài jiā li.
나는 주말에 줄곧 방콕했어.

我也是，我本来就是一个宅男，喜欢待在家。*
Wǒ yě shì, wǒ běnlái jiù shì yí ge zháinán, xǐhuan dāi zài jiā.
나도 그래. 나는 워낙 집돌이라 집에 있는 걸 좋아해.

> 呆 VS 待
> dāi   dāi
> 둘 다 '머물다'의 의미로 해석되지만
> '呆'는 '~에 거주하거나
> 살고 있다'는 말이고, '待'는
> '할 일 없이 그냥 있다'의 뜻이에요.

상황 ②

她的电话一直占线。
Tā de diànhuà yìzhí zhàn xiàn.
그녀는 계속 통화 중이야.

你给她发条短信吧。
Nǐ gěi tā fā tiáo duǎnxìn ba.
그녀한테 메시지를 보내 봐.

단어 本来 běnlái 튀 본래, 원래 | 宅男 zháinán 명 집돌이 | 待 dāi 통 머물다 | 条 tiáo 양
메시지를 세는 단위 | 短信 duǎnxìn 명 문자 메시지

196 진짜 중국어

DAY
46

성구현·진준의
음원 바로 듣기

형, 고기 아직
안 익었어.

핏기만 없으면 돼.

☑ 다음 제시된 내용을 보고, 학습 전에 문장 구조를 익혀 보세요.

还没
hái méi

发
fā

烤
kǎo

修理
xiūlǐ

진짜 중국어 패턴

☑ 앞에 제시된 표현을 생각하며 오늘의 패턴을 익혀보세요.

还没 [hái méi] 아직 ~하지 않았다

완료의 부정은 '没'였죠.
여기에 추임새처럼 앞에 '还'를 붙이면 '아직 ~하지 않았다'의 뜻이 돼요.

● 5번 반복해서 큰 소리로 읽습니다. [1] [2] [3] [4] [5]

상황 1

快递还没发货。 택배가 아직 발송되지 않았어.
Kuàidì hái méi fā huò.

상황 2

肉好像还没烤熟。 고기가 아직 익은 것 같지 않아.
Ròu hǎoxiàng hái méi kǎo shú.

상황 3

电脑还没修理吗? 컴퓨터 아직 수리하지 않았니?
Diànnǎo hái méi xiūlǐ ma?

[단어] 还没 hái méi 아직 ~하지 않았다 | 发 fā [동] 보내다, 부치다 | 货 huò [명] 물품, 상품 | 肉 ròu [명] 고기 | 烤 kǎo [동] 굽다 | 熟 shú [형] (음식이) 익다 | 修理 xiūlǐ [동] 수리하다

진짜 중국어 패턴 연습하기

☑ 다음 문장을 여러 번 반복하여 듣고 따라 읽어 보세요.

1

我还没找到*工作。

Wǒ hái méi zhǎodào gōngzuò.

나는 아직 취업하지 못했어.

'找工作'는 '일을 찾다' 즉 '취업 활동을 하다'의 뜻이에요. 이때 '취직이 되다'라고 표현할 때는 '找' 뒤에 목적 달성의 의미를 나타내는 '到'를 꼭 써줘야 해요.

[예] 找到女朋友 여자 친구가 생겼다.

2

我还没决定穿哪件衣服。

Wǒ hái méi juédìng chuān nǎ jiàn yīfu.

나는 아직 어떤 옷을 입어야 할지 결정하지 못했어.

3

那部电影好像还没上映。 그 영화는 아직 개봉하지 않은 것 같아.

Nà bù diànyǐng hǎoxiàng hái méi shàngyìng.

4

你还没玩儿够*吗?

Nǐ hái méi wánr gòu ma?

너 아직 다 못 놀았어? (아직도 부족해?)

동사 뒤에 '够'를 붙이면 '어떤 일을 할만큼 했다', 또는 '원하는 만큼 했다'의 뜻을 나타내요.

[단어] 决定 juédìng [동] 결정하다, 결심하다 | 上映 shàngyìng [동] 상영하다, 개봉하다 | 够 gòu [형] 충분하다

진짜 중국어 상황 회화

☑ 상황 회화를 통해 다시 한 번 패턴을 익혀 보세요.

 상황 ①

快递还没发货。
Kuàidì hái méi fā huò.
택배가 아직 발송되지 않았어.

你打个电话咨询一下吧。
Nǐ dǎ ge diànhuà zīxún yíxià ba.
전화 걸어서 문의해 봐.

 상황 ②

你还没有睡够吗? 一直打哈欠。
Nǐ hái méiyǒu shuì gòu ma? Yìzhí dǎ hāqian.
너 잠을 충분히 못 잤니? 계속 하품하네.

最近一直想睡觉, 我也不知道自己怎么了。
Zuìjìn yìzhí xiǎng shuì jiào, wǒ yě bù zhīdào zìjǐ zěnmele.
요즘 계속 자고만 싶어, 나도 내가 왜 이러는지 모르겠어.

단어 发货 fā huò 동 사물을 발송하다 ┃ 咨询 zīxún 동 문의하다 ┃ 一下 yíxià 수량 좀 ~하다 ┃
哈欠 hāqian 명 하품 ┃ 自己 zìjǐ 대 자기 자신

DAY 47

내 컴퓨터가
갑자기 꺼졌어.

형도 사라져 줘!

✔ 다음 제시된 내용을 보고, 학습 전에 문장 구조를 익혀 보세요.

关
guān

突然
tūrán

停电
tíng diàn

不亮
bú liàng

진짜 중국어 패턴

☑ 앞에 제시된 표현을 생각하며 오늘의 패턴을 익혀보세요.

突然 [tūrán] 갑자기

'突然 tūrán'은 '갑자기', '별안간'이라는 뜻이고, 주로 뒤에 동사가 와서 '갑자기 ~하다'의 뜻으로 쓰여요. '太~了' 구문과 사용하여 '太突然了!'라고 쓰면 '오 마이 갓! 너무 갑작스럽네!' 등의 의미로 사용 가능 해요.

● 5번 반복해서 큰 소리로 읽습니다. [1] [2] [3] [4] [5]

상황 1

我的电脑突然关了。 내 컴퓨터가 갑자기 꺼졌어.
Wǒ de diànnǎo tūrán guān le.

상황 2

突然，家里停电了。 갑자기 집이 정전이 됐어.
Tūrán, jiā li tíng diàn le.

상황 3

手电筒突然不亮了。 손전등이 갑자기 켜지지 않아.
Shǒudiàntǒng tūrán bú liàng le.

[단어] 突然 tūrán [부] 갑자기, 별안간 | 停电 tíng diàn [동] 정전되다 | 手电筒 shǒudiàntǒng [명] 손전등

진짜 중국어 패턴 연습하기

다음 문장을 여러 번 반복하여 듣고 따라 읽어 보세요.

1

他突然告诉我一件事。 그는 갑자기 나에게 이런 일을 알려줬다.

Tā tūrán gàosu wǒ yí jiàn shì.

2

我今天的约会突然取消了。 나 오늘 약속이 갑자기 취소됐어.

Wǒ jīntiān de yuēhuì tūrán qǔxiāo le.

3

突然，人不见了！ 갑자기 사람이 안 보여! (사람이 없어졌어!)

Tūrán, rén bú jiàn le!

4

他怎么了，突然不说话了？ 쟤 왜 저래? 갑자기 말이 없어졌어.

Tā zěnmele, tūrán bù shuō huà le?

[단어] 告诉 gàosu [동] 알려주다 | 取消 qǔxiāo [동] 취소하다

진짜 중국어 상황 회화

☑ 상황 회화를 통해 다시 한 번 패턴을 익혀 보세요.

상황 1

我的电脑突然停了。*
Wǒ de diànnǎo tūrán tíng le.
내 컴퓨터가 갑자기 멈췄어.

만약 컴퓨터가 갑자기
꺼진 상황을 말하고자 한다면
'画面突然没了。화면이 갑자기 없어졌어.'
Huàmiàn tūrán méi le.
라고 하면 돼요.

是不是中病毒了？重新启动看看。
Shì bu shì zhòng bìngdú le? Chóngxīn qǐdòng kànkan.
바이러스 걸린 거 아니야? 재부팅해 봐.

상황 2

领导突然取消了今天的会议。
Lǐngdǎo tūrán qǔxiāo le jīntiān de huìyì.
상사가 갑자기 오늘 미팅을 취소했어.

怎么了？我有一种不祥的预感。
Zěnmele? Wǒ yǒu yì zhǒng bùxiáng de yùgǎn.
왜지? 나 아주 불길한 느낌이 와.

[단어] 中 zhòng [동] (해를) 입다, 당하다 | 病毒 bìngdú [명] 컴퓨터 바이러스 | 重新 chóngxīn [부] 다시, 새로이 | 启动 qǐdòng [동] 시동하다, 프로그램을 열다 | 不祥 bùxiáng [형] 불길하다 | 预感 yùgǎn [명] 예감

DAY 48

성구현·진준의
음원 바로 듣기

어쩐지 사람이 많다 했더니,
백화점 세일 기간이었네.

세일해도 난 못 사.

☑ 다음 제시된 내용을 보고, 학습 전에 문장 구조를 익혀 보세요.

难怪
nánguài

热闹
rènao

迷路
mí lù

不好
bù hǎo

205

진짜 중국어 패턴

☑ 앞에 제시된 표현을 생각하며 오늘의 패턴을 익혀보세요.

难怪 [nánguài] 어쩐지

'难怪 nánguài'는 '어쩐지'라는 뜻이고, 비슷한 말로는 '怪不得 guàibudé'도 있어요.
이 표현은 무조건 문장 또는 절 앞에 놓아야 한다는 점 잊지 마세요.

● 5번 반복해서 큰 소리로 읽습니다. [1] [2] [3] [4] [5]

상황 1

今天是情人节，**难怪**这么热闹。

Jīntiān shì Qíngrénjié, nánguài zhème rènao.

오늘이 밸런타인데이구나. 어쩐지 이렇게 시끌벅적하더라.

상황 2

他第一次来这儿，**难怪**迷路了。

Tā dì-yī cì lái zhèr, nánguài mí lù le.

그는 여기 처음 와봤구나, 어쩐지 길을 헤매더라.

상황 3

难怪她心情不好，原来考试没及格。

Nánguài tā xīnqíng bù hǎo, yuánlái kǎoshì méi jí gé.

어쩐지 그녀 기분이 안 좋더라, 알고 보니 시험에 합격하지 못했구나.

[단어] 情人节 Qíngrénjié [명] 밸런타인데이 | 热闹 rènao [형] 시끌벅적하다, 번화하다 | 迷路 mí lù [동] 길을 잃다 | 及格 jí gé [동] 합격하다

진짜 중국어 패턴 연습하기

☑ 다음 문장을 여러 번 반복하여 듣고 따라 읽어 보세요.

1

你整容了？**难怪**我没认出来*。

Nǐ zhěng róng le? Nánguài wǒ méi rèn chū lai.

너 성형했어? 어쩐지 내가 못 알아봤어.

‘认出来’는 원래 알고 있던 사람이나 안면이 있는 사람을 ‘알아보다’라는 뜻이에요.

2

原来你开空调了，**难怪**这么凉快。

Yuánlái nǐ kāi kōngtiáo le, nánguài zhème liángkuài.

알고 보니 네가 에어컨을 켰구나, 어쩐지 이렇게 시원하더라.

3

他刚才在洗澡，**难怪**没接电话。

Tā gāngcái zài xǐ zǎo, nánguài méi jiē diànhuà.

그는 방금 샤워 중이었구나, 어쩐지 전화를 안 받더라.

4

原来今天在打折，**难怪**百货店里人这么多！

Yuánlái jīntiān zài dǎ zhé, nánguài bǎihuòdiàn li rén zhème duō!

알고 보니 오늘 세일하고 있었네, 어쩐지 백화점에 사람이 많더라!

[단어] 整容 zhěng róng [동] 성형하다 | 空调 kōngtiáo [명] 에어컨 | 凉快 liángkuài [형] 시원하다, 선선하다 | 刚才 gāngcái [명] 방금 | 洗澡 xǐzǎo [동] 목욕하다 | 打折 dǎ zhé [동] 세일하다, 할인하다 | 百货店 bǎihuòdiàn [명] 백화점

진짜 중국어 상황 회화

☑ 상황 회화를 통해 다시 한 번 패턴을 익혀 보세요.

상황 ❶

今天是情人节，难怪这么热闹。
Jīntiān shì Qíngrénjié, nánguài zhème rènao.
오늘이 밸런타인데이구나. 어쩐지 이렇게 시끌벅적하더라.

可惜这个节日跟我没什么关系。
Kěxī zhè ge jiérì gēn wǒ méi shénme guānxi.
아쉽게도 이 기념일은 나와 상관이 없네.

상황 ❷

今天是李老师的生日，但是没有人祝贺他。
Jīntiān shì Lǐ lǎoshī de shēngrì, dànshì méiyǒu rén zhùhè tā.
오늘 이 쌤 생일이야, 그런데 아무도 축하해주지 않나 봐.

> 有人 + 행동: '~하는 사람이 있다' 또는
> '누군가 ~했다'
> 没有人 + 행동: '~ 하는 사람이 없다' 또는
> '아무도 ~하지 않았다'

难怪他今天一整天不开心。
Nánguài tā jīntiān yìzhěngtiān bù kāi xīn.
어쩐지 오늘 하루 종일 기분이 안 좋더라.

단어 可惜 kěxī ⓤ 아쉽게도, 안타깝게도 | 节日 jiérì ⓜ 기념일, 명절 | 祝贺 zhùhè ⓥ
축하하다 | 一整天 yìzhěngtiān ⓜ 하루 종일, 온종일

DAY
49

성구현·진준의
음원 바로 듣기

나는 아침 열 시에
겨우 일어났어.

술을 얼마나 마신 거야?

☑ 다음 제시된 내용을 보고, 학습 전에 문장 구조를 익혀 보세요.

起床
qǐ chuáng

才
cái

工作
gōngzuò

告诉
gàosu

진짜 중국어 패턴

☑ 앞에 제시된 표현을 생각하며 오늘의 패턴을 익혀보세요.

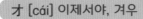

才 [cái] 이제서야, 겨우

'才 cái'는 '이제서야', '겨우'라는 뜻으로 시간에 늦거나, 수량이 적은 어감을 나타내요. 완료형이라도 뒤에 절대 '了'를 붙이면 안 돼요.

● 5번 반복해서 큰 소리로 읽습니다.　1️⃣ 2️⃣ 3️⃣ 4️⃣ 5️⃣

상황 1

我早上十点才起床。　나는 아침 열 시에 겨우 일어났어.
Wǒ zǎoshang shí diǎn cái qǐ chuáng.

상황 2

他才工作了一年。　그는 겨우 일 년을 일했어.
Tā cái gōngzuò le yì nián.

상황 3

你为什么才告诉我这件事?
Nǐ wèishénme cái gàosu wǒ zhè jiàn shì?
너 왜 이제서야 이 일을 나에게 말하니?

단어　早上 zǎoshang 몡 아침, 오전 | 才 cái 틧 이제서야, 겨우 | 起床 qǐ chuáng 동 일어나다, 기상하다 | 年 nián 몡 해, 년

진짜 중국어 패턴 연습하기

다음 문장을 여러 번 반복하여 듣고 따라 읽어 보세요.

1

他四十五岁才结婚。 그는 마흔 다섯 살이 되어서야 결혼을 했어.

Tā sìshíwǔ suì cái jié hūn.

2

你才多大就开始谈恋爱? 너 나이가 겨우 몇인데 벌써 연애니?

Nǐ cái duōdà jiù kāishǐ tán liàn'ài?

3

他才八岁，别要求那么严格。

Tā cái bā suì, bié yāoqiú nàme yángé.

그는 이제 겨우 여덟 살이야, 그렇게 엄격하게 요구하지 마.

4

现在已经晚上十一点了，你怎么才来?

Xiànzài yǐjīng wǎnshang shíyī diǎn le, nǐ zěnme cái lái?

지금 벌써 저녁 11시야, 너 어째서 이제서야 오니?

[단어] 结婚 jié hūn [동] 결혼하다 | 谈恋爱 tán liàn'ài 연애하다 | 要求 yāoqiú [동] 요구하다 | 严格 yángé [형] 엄격하다, 엄하다

진짜 중국어 상황 회화

☑ 상황 회화를 통해 다시 한 번 패턴을 익혀 보세요.

상황 1

你住院了？为什么才告诉我这件事？
Nǐ zhù yuàn le? Wèi shénme cái gàosu wǒ zhè jiàn shì?
너 입원했어? 왜 이제서야 이 일을 나에게 말하니?

我怕你担心，又*不是什么大病。
Wǒ pà nǐ dān xīn, yòu bú shì shénme dà bìng.
나는 네가 걱정할까 봐, 무슨 큰 병도 아닌데.

'又' 뒤에 부정 표현이 오면 '또'의 뜻이 아니라, '~도 아닌데 뭘.' 또는 '~도 아니면서'라는 불편한 감정을 나타내요.

상황 2

你才多大就开始谈恋爱？
Nǐ cái duōdà jiù kāishǐ tán liàn'ài?
너 나이가 겨우 몇인데 벌써 연애니?

现在不谈什么时候谈？
Xiànzài bú tán shénme shíhou tán?
지금 안 하면 언제 해요?

[단어] 住院 zhù yuàn [동] 입원하다 | 怕 pà [동] 염려하다, 걱정이 되다 | 病 bìng [명] 병

성구현·진준의
음원 바로 듣기

나는 이미 표를 예매했어.

또 어디 가!

☑ 다음 제시된 내용을 보고, 학습 전에 문장 구조를 익혀 보세요.

预订
yùdìng

已经
yǐjīng

累
lèi

了
le

三点
sān diǎn

진짜 중국어 패턴

☑ 앞에 제시된 표현을 생각하며 오늘의 패턴을 익혀보세요.

己经~了 [yǐjīng~le] 이미 ~했다

'已经~了 yǐjīng ~ le'는 '이미 ~했다', '벌써 ~했다'라는 뜻으로 어떤 동작이 이미 완성되거나 상태의 변화가 이루어졌을 때 쓰는 표현이에요.

● 5번 반복해서 큰 소리로 읽습니다.　　　　1 2 3 4 5

상황 1

我已经预订了票。　나는 이미 표를 예매했어.
Wǒ yǐjīng yùdìng le piào.

상황 2

我已经累了，别走那么快。
Wǒ yǐjīng lèi le, bié zǒu nàme kuài.
나는 이미 지쳤어. 그렇게 빨리 가지 마.

상황 3

已经三点了，我现在该走了。　벌써 세 시네, 나 지금 갈게.
Yǐjīng sān diǎn le, wǒ xiànzài gāi zǒu le.

단어) 已经~了 yǐjīng ~ le 이미 ~했다 | 票 piào 몡 표 | 该 gāi 통 ~해야 한다

진짜 중국어 패턴 연습하기

☑ 다음 문장을 여러 번 반복하여 듣고 따라 읽어 보세요.

1

事情已经过去了。　일은 이미 끝났어.
Shìqing yǐjīng guòqu le.

> 그 일은 이미 지난 일이니 더 이상 얘기 꺼내지 말라는 뜻이에요.

2

已经十个人了，不要找太多。
Yǐjīng shí ge rén le, búyào zhǎo tài duō.
이미 10명이야, 너무 많은 사람을 찾지 마.

3

这台冰箱已经很旧了。　이 냉장고는 이미 낡았어.
Zhè tái bīngxiāng yǐjīng hěn jiù le.

4

已经十二月了，天气越来越冷了。
Yǐjīng shí'èr yuè le, tiānqì yuèláiyuè lěng le.
벌써 12월이야. 날씨가 점점 추워져.

단어　过去 guòqu 〈동〉 지나다, 경과하다 ｜ 冰箱 bīngxiāng 〈명〉 냉장고 ｜ 旧 jiù 〈형〉 낡다, 오래다

215

진짜 중국어 상황 회화

☑ 상황 회화를 통해 다시 한 번 패턴을 익혀 보세요.

상황 ①

 你预订机票了吗?
Nǐ yùdìng jīpiào le ma?
너 비행기 표 예매했어?

 我已经预订了票，正好有打折票就买了。
Wǒ yǐjīng yùdìng le piào, zhènghǎo yǒu dǎzhé piào jiù mǎi le.
나는 표 이미 예매했어, 마침 할인표가 있어서 샀어.

상황 ②

 我已经告诉老师了，你死定了!
Wǒ yǐjīng gàosu lǎoshī le, nǐ sǐ dìng le!
나 이미 선생님께 일렀어! 너 죽었어!

 告诉就告诉，我还怕他不成! *
Gàosu jiù gàosu, wǒ hái pà tā bù chéng!
말하면 말한 거지, 내가 뭐 두려워 할 줄 알아!

'怕~不成'은 '설마 내가 ~을 두려워할까, 천만의 말씀!'이라는 뜻으로 대수롭지 않음을 표현해요.

단어 正好 zhènghǎo (부) 마침, 때마침 (형) (시간, 위치, 수량, 정도 따위가) 꼭 알맞다, 딱 좋다 | 就 jiù (부) 곧, 즉시, 바로(아주 짧은 시간 내에 이루어짐)

연습문제 V

☑ 우리말에 맞게 중국어로 써 본 후 문장을 읽어 보세요.

1 술 많이 마시지 마. (别)

➡ ________________________________。

2 그가 아마도 너를 좋아하나 봐. (可能)

➡ ________________________________。

3 옷이 너무 더러워. (太~了)

➡ ________________________________。

4 나는 자주 인터넷 쇼핑을 해. (经常)

➡ ________________________________?

5 나는 주말에 줄곧 방콕했어. (一直)

➡ ________________________________。

6 택배가 아직 발송되지 않았어. (还没)

➡ ________________________________。

7 내 컴퓨터가 갑자기 꺼졌어. (突然)

➡ ________________________________。

8 오늘이 밸런타인데이구나. 어쩐지 이렇게 시끌벅적하더라. (难怪)

➡ ________________________________。

9 그는 겨우 일년을 일했어. (才)

➡ ________________________________。

10 이 냉장고는 이미 낡았어. (已经~了)

➡ ________________________________。

➔ 정답 p.273

성쌤의 알쏭달쏭 중국어

 不可能!은 무슨뜻일까요?

➡ 불가능해!   ✗ 땡!

➡ 그럴 리가!   ○

 '可能'은 일상 생활에서 정말 많이 쓰는 표현이죠.
보통은 '아마도'의 의미로 쓰여
'아마 올 거야, 아마 모를 거야' 등의 표현에 자주 등장해요.
그런데 패턴으로 외워야 할 표현들이 몇 개 있어요. 예를 들어
'怎么可能!'이라고 하면 '어떻게 그럴 수 있어?'라는 뜻이고,
'不可能!'이라고 하면 '불가능해'라기 보다는
'(절대) 그럴 리 없어!'라는 뜻이에요.
한자 그대로 해석하려 하지 마시고, 관용구처럼 외워 주세요~

DAY
51

형, 도대체 무슨 일이야?

몰라도 돼!

☑ 다음 제시된 내용을 보고, 학습 전에 문장 구조를 익혀 보세요.

到底
dàodǐ

谁
shéi

写不写
xiě bu xiě

赢了，还是输了
yíng le, háishi shū le

219

진짜 중국어 패턴

☑ 앞에 제시된 표현을 생각하며 오늘의 패턴을 익혀보세요.

到底 [dàodǐ] 도대체

'到底 dàodǐ'는 '도대체'라는 뜻으로 의문문에 쓰여 추궁하거나 따지는 어감을 나타내요. 의문문이라고 해서 문장 끝에 '吗'를 쓰면 절대 안 돼요.

● 5번 반복해서 큰 소리로 읽습니다.   ① ② ③ ④ ⑤

상황
1

到底谁说的?   도대체 누가 그러니?
Dàodǐ shéi shuō de?

상황
2

你到底写不写作业?   너 도대체 숙제 했니, 안 했니?
Nǐ dàodǐ xiě bu xiě zuòyè?

상황
3

韩国队到底赢了，还是输了?
Hánguó duì dàodǐ yíng le, háishi shū le?
한국 팀은 도대체 이겼니, 아니면 졌니?

 단어 到底 dàodǐ (부) 도대체 | 韩国 Hánguó (고유) 한국 | 队 duì (명) 팀 | 赢 yíng (동) (승부에서) 이기다 | 输 shū (동) (승부에서) 지다

진짜 중국어 패턴 연습하기

☑ 다음 문장을 여러 번 반복하여 듣고 따라 읽어 보세요.

1

到底有什么事?　도대체 무슨 일이니?

Dàodǐ yǒu shénme shì?

2

你说的话到底是什么意思?　네가 한 말은 도대체 무슨 의미니?

Nǐ shuō de huà dàodǐ shì shénme yìsi?

3

明天你到底能不能来?

Míngtiān nǐ dàodǐ néng bu néng lái?

내일 너 도대체 올 수 있는 거야, 없는 거야?

> '到底' 뒤에 'A不A'의 정반의문문이 오면 '도대체 ~할 거야 말 거야?, 도대체 어쩌자는 건데?'의 어감이 돼요.

4

你到底想去还是不想去?

Nǐ dàodǐ xiǎng qù háishi bù xiǎng qù?

너 도대체 가고 싶은 거야? 아니면 가기 싫은 거야?

단어　意思 yìsi 명 의미

진짜 중국어 상황 회화

☑ 상황 회화를 통해 다시 한 번 패턴을 익혀 보세요.

상황 1

你一整天都在玩儿游戏，到底什么时候才写作业？
Nǐ yìzhěngtiān dōu zài wánr yóuxì, dàodǐ shénme shíhou cái xiě zuòyè?
너는 하루 종일 게임만 하는구나, 숙제는 언제 할 거니?

知道了，现在就写。
Zhīdao le, xiànzài jiù xiě.
알았어요, 지금 바로 할게요.

상황 2

你脸色很不好，到底发生了什么事？
Nǐ liǎnsè hěn bù hǎo, dàodǐ fāshēng le shénme shì?
너 안색이 안 좋은데, 도대체 무슨 일이 일어난 거야?

昨天和女朋友吵架了。
Zuótiān hé nǚpéngyou chǎo jià le.
어제 여자 친구와 싸웠어.

[단어] 一整天 yìzhěngtiān [명] 하루 종일, 온종일 | 游戏 yóuxì [명] 게임 | 吵架 chǎo jià [동] 싸우다

성구현·진준의
음원 바로 듣기

형, 노래 정말 잘한다.

이제 알았냐!

☑ 다음 제시된 내용을 보고, 학습 전에 문장 구조를 익혀 보세요.

跑 pǎo		快 kuài
唱 chàng	得 de	好 hǎo
说 shuō		流利 liúlì

진짜 중국어 패턴

☑ 앞에 제시된 표현을 생각하며 오늘의 패턴을 익혀보세요.

정도보어

정도보어란 술어 뒤에서 술어의 정도를 보충 설명해 주는 성분을 말해요. 보통 술어와 보어 사이에 '得 de'로 연결해요. 또한 '得'를 사용하지 않고 '极 jí', '死 sǐ', '透 tòu', '坏 huài' 등을 술어 뒤에 붙여 정도가 심함을 나타낼 수도 있어요.

● 5번 반복해서 큰 소리로 읽습니다. [1] [2] [3] [4] [5]

상황 1

他跑得很快。 그는 빨리 달려.

Tā pǎo de hěn kuài.

상황 2

她歌唱得真好。 그녀는 노래를 정말 잘해.

Tā gē chàng de zhēn hǎo.

상황 3

天气好极了。 날씨가 아주 좋아.

Tiānqì hǎo jí le.

[단어] 跑 pǎo [동] 달리다, 뛰다 | 得 de [조] 동사나 형용사 뒤에 쓰여 정도보어나 가능보어를 만드는 역할을 함 | 唱 chàng [동] 노래하다 | 极 jí [부] 아주, 몹시

진짜 중국어 패턴 연습하기

☑ 다음 문장을 여러 번 반복하여 듣고 따라 읽어 보세요.

1

他紧张得不能说话。　그는 긴장한 나머지 말도 못 해.
Tā jǐnzhāng de bù néng shuō huà.

2

她(说)汉语说得很流利。
Tā (shuō) Hànyǔ shuō de hěn liúlì.
그녀는 중국어를 매우 유창하게 해.

> 첫 번째 동사를 생략할 수 있어요.
> 두 번째 동사를 생략하면
> '得' 뒤에 보어를 이을 수 없으므로
> 첫 번째 동사만 생략 가능해요.

3

他们踢足球踢得很好。　그들은 축구를 잘해.
Tāmen tī zúqiú tī de hěn hǎo.

4

我今天忙死了。　나 오늘 바빠 죽겠어.
Wǒ jīntiān máng sǐ le.

단어   紧张 jǐnzhāng 휑 긴장하다 | 死 sǐ 휑 ~해 죽겠다

진짜 중국어 상황 회화

☑ 상황 회화를 통해 다시 한 번 패턴을 익혀 보세요.

● 상황 ❶

她(唱)歌唱得真好，就像歌手一样。
Tā (chàng) gē chàng de zhēn hǎo, jiù xiàng gēshǒu yíyàng.
그녀는 노래를 정말 잘해. 꼭 가수 같아.

是啊，比一般歌手唱得还好。
Shì a, bǐ yìbān gēshǒu chàng de hái hǎo.
맞아, 보통 가수보다 노래를 잘해.

● 상황 ❷

我今天忙死了，连去卫生间的时间都没有。
Wǒ jīntiān máng sǐ le. lián qù wèishēngjiān de shíjiān dōu méiyǒu.
나 오늘 바빠 죽겠어. 화장실 갈 시간조차 없어.

'劳逸结合'는 '劳 노동', '逸 휴식'을 적절하게 결합해서 균형을 맞추어야 한다는 말이에요. 요즘에는 '워라밸'이라고도 많이 하죠.

慢慢来，到底为的是什么呀?
应该劳逸结合。*
Mànmān lái, dàodǐ wèideshì shénme ya? Yīnggāi láoyì jiéhé.
천천히 해, 도대체 무엇을 위해서 그래? 일과 휴식의 밸런스를 맞춰야지.

단어 | 像 xiàng (동) ~와(과) 같다 | 连 lián (전) ~조차도, ~마저도 | 都 dōu (부) ~조차도, 심지어 | 连A都B lián A dōu B A조차(마저) B하다 | 卫生间 wèishēngjiān (명) 화장실 | 为的是 wèideshì ~을(를) 위해서다 | 劳逸 láoyì (명) 작업과 휴식 | 结合 jiéhé (동) 결합하다

DAY 53

이 상품 다 팔렸어.

나는 이미 샀지~

☑ 다음 제시된 내용을 보고, 학습 전에 문장 구조를 익혀 보세요.

卖
mài

光
guāng

听
tīng

清楚
qīngchu

写
xiě

完
wán

진짜 중국어 패턴

☑ 앞에 제시된 표현을 생각하며 오늘의 패턴을 익혀보세요.

결과보어

결과보어란 동사 뒤에 놓여 동작의 결과를 설명해 주는 문장 성분이에요. 주로 '다 ~했다', '~까지 했다', '잘 ~했다' 등으로 해석해요.

● 5번 반복해서 큰 소리로 읽습니다. [1] [2] [3] [4] [5]

상황 1

这家网店的商品卖光了。

Zhè jiā wǎngdiàn de shāngpǐn mài guāng le.

이 온라인 쇼핑몰의 상품이 다 팔렸어.

卖完了 VS 卖光了
mài wán le　mài guāng le
둘 다 '다 팔았다, 다 팔렸다'로 해석할 수 있지만, '卖光了'는 '나머지가 없이 다 소진되었음'을 강조하는 표현이에요.

상황 2

我没听清楚你的话。

Wǒ méi tīng qīngchu nǐ de huà.

나는 너의 말을 정확하게 못 알아 들었어.

상황 3

你不写完作业，就别吃饭。

Nǐ bù xiě wán zuòyè, jiù bié chī fàn.

너 숙제 다 하지 않았다면, 밥 먹지 마.

[단어] 网店 wǎngdiàn [명] 온라인 쇼핑몰 | 光 guāng [형] 조금도 남지 않다, 아무 것도 없다 | 清楚 qīngchu [동] 분명하다, 뚜렷하다 | 话 huà [명] 말 | 完 wán [동] 마치다, 완성하다

진짜 중국어 패턴 연습하기

☑ 다음 문장을 여러 번 반복하여 듣고 따라 읽어 보세요.

1

这家餐厅坐满了顾客。 이 식당에 고객이 가득 앉아 있다.

Zhè jiā cāntīng zuò mǎn le gùkè.

2

我们学到第八课了。 우리는 8과까지 배웠어요.

Wǒmen xuédào dì-bā kè le.

3

我昨天没睡好。 나 어제 잠을 잘 못 잤어.

Wǒ zuótiān méi shuì hǎo.

4

头发不吹干，可能会感冒。

Tóufa bù chuī gān, kěnéng huì gǎnmào.

머리를 말리지 않으면, 감기에 걸릴 수도 있어.

[단어] 坐 zuò [동] 앉다 | 满 mǎn [형] 가득 차다, 가득하다 | 顾客 gùkè [명] 고객, 손님 | 到 dào [동] ~에 이르다 | 课 kè [양] 과(교재의 단락을 세는 단위) | 睡 shuì [동] 자다 | 好 hǎo [형] 동사 뒤에 놓여 완성되었거나 잘 마무리되었음을 나타냄 | 头发 tóufa [명] 머리카락 | 吹 chuī [동] (바람이) 불다 | 干 gān [형] 마르다, 건조하다

진짜 중국어 상황 회화

☑ 상황 회화를 통해 다시 한 번 패턴을 익혀 보세요.

상황 ①

这家店的东西很快就卖光了。
Zhè jiā diàn de dōngxi hěn kuài jiù mài guāng le.
이 가게 물건이 금세 다 팔렸어.

可能是因为打折，比之前便宜了很多。
Kěnéng shì yīnwèi dǎ zhé, bǐ zhīqián piányi le hěn duō.
아마 할인을 해서 그런가 봐, 그 전에 비해 많이 저렴해졌거든.

상황 ②

这家餐厅坐满了。我们等着，还是去别的餐厅？
Zhè jiā cāntīng zuò mǎn le. Wǒmen děng zhe, háishi qù bié de cāntīng?
이 식당의 자리가 다 찼어. 우리 기다릴래, 아니면 다른 식당으로 갈래?

周末所有餐厅人都多，就在这儿等吧。
Zhōumò suǒyǒu cāntīng rén dōu duō, jiù zài zhèr děng ba.
주말에는 모든 식당에 사람이 많으니까 여기에서 기다리자.

단어　之前 zhīqián 몡 전, 예전 ｜ 等 děng 동 기다리다 ｜ 所有 suǒyǒu 혱 모든

나 셀카봉 가져왔어.

형 키 커서 필요 없는데?

☑ 다음 제시된 내용을 보고, 학습 전에 문장 구조를 익혀 보세요.

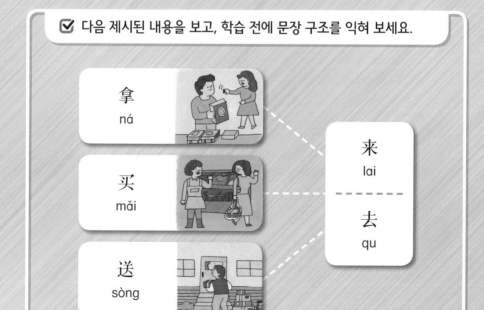

拿
ná

买
mǎi

送
sòng

来
lai

去
qu

진짜 중국어 패턴

☑ 앞에 제시된 표현을 생각하며 오늘의 패턴을 익혀보세요.

단순방향보어

방향보어란 동작의 방향을 나타내는 보어로, 단순방향보어와 복합방향보어로 나뉘어요. 단순방향보어는 동사 뒤에 '来 lái 오다', '去 qù 가다'와 같은 1음절 동사가 놓여 사람이나 사물의 방향을 나타내요.

* 그 밖의 단순방향보어

上 shàng	오르다	回 huí	되돌아오다(가다)
下 xià	내려가다	过 guò	지나다
进 jìn	(안에서 밖으로) 들다	起 qǐ	일어나다
出 chū	(안에서 밖으로) 나가다	开 kāi	(닫힌 것을) 열다

● 5번 반복해서 큰 소리로 읽습니다. ☐1 ☐2 ☐3 ☐4 ☐5

상황 1

你拿来吧。　가져 와.
Nǐ nálai ba.

상황 2

我明年想到欧洲去。　나는 내년에 유럽을 가고 싶어.
Wǒ míngnián xiǎng dào Ōuzhōu qù.

상황 3

姐姐买来了面包。　누나(언니)가 빵을 사 왔어.
Jiějie mǎilai le miànbāo.

───────────────────────────────

단어　明年 míngnián 몡 내년 ｜ 欧洲 Ōuzhōu 몡 유럽

진짜 중국어 패턴 연습하기

☑ 다음 문장을 여러 번 반복하여 듣고 따라 읽어 보세요.

1

我送去了。 나는 보냈어.
Wǒ sòngqu le.

2

他打算中秋节回韩国来。 그는 중추절에 한국으로 돌아올 예정이야.
Tā dǎsuan Zhōngqiūjié huí Hánguó lái.

3

我给你带去一把伞吧。 내가 너에게 우산 하나 가져다 줄게.
Wǒ gěi nǐ dàiqu yì bǎ sǎn ba.

4

我带来了一个自拍杆。 나 셀카봉 하나 가져왔어.
Wǒ dàilai le yí ge zìpāigǎn.

[단어] 送 sòng [동] 보내다 | 中秋节 Zhōngqiūjié [고유] 중추절(중국의 추석) | 把 bǎ [양] 자루가 있는 물건에 쓰임 | 自拍杆 zìpāigǎn [명] 셀카봉

진짜 중국어 상황 회화

☑ 상황 회화를 통해 다시 한 번 패턴을 익혀 보세요.

상황 ①

我明年想到欧洲去，现在正在攒钱。
Wǒ míngnián xiǎng dào Ōuzhōu qù, xiànzài zhèngzài zǎn qián.
나는 내년에 유럽을 가고 싶어서 지금 돈을 모으고 있어.

难怪你最近这么省钱呀！
Nánguài nǐ zuìjìn zhème shěng qián ya!
어쩐지 요즘 네가 돈을 아껴 쓰더라!

상황 ②

我带了一个自拍杆儿来，我们在这儿合影吧。
Wǒ dài le yí ge zìpāigǎnr lái, wǒmen zài zhèr hé yǐng ba.
나 셀카봉 하나 가져왔는데, 우리 여기서 사진 찍자.

太好了，后面的风景也要照上*。
Tài hǎo le, hòumian de fēngjǐng yě yào zhàoshang.
좋아, 뒤의 풍경이 전부 나오게 찍어야 해.

'上'은 원래 '위'라는 뜻의 방향사인데, 여기에서는 방향보어의 파생용법 중의 하나로 쓰여서 무조건 외울 수 밖에 없어요. '동사+上'은 무엇인가를 추가하거나 합치는 뜻을 나타내요.

[예] 写上 [xiěshang] 적어 넣다
带上 [dàishang] (물건을)소지하다

단어 攒 zǎn [동] 모으다, 축적하다 | 省钱 shěng qián [동] 돈을 아끼다 | 合影 hé yǐng [동] (두 사람이나 여럿이) 함께 사진을 찍다 | 后面 hòumian [명] 뒤, 뒤쪽 | 风景 fēngjǐng [명] 풍경 | 照 zhào [동] (사진이나 영화를) 찍다, 촬영하다

DAY 55

성구현·진준의
음원 바로 듣기

내 방에 모기 한 마리가
날아 들어왔어.

뭐해! 잡지 않고!

☑ 다음 제시된 내용을 보고, 학습 전에 문장 구조를 익혀 보세요.

站 zhàn	起来 qǐlai
跑 pǎo	回去 huíqu
飞 fēi	进来 jìnlai

235

진짜 중국어 패턴

☑ 앞에 제시된 표현을 생각하며 오늘의 패턴을 익혀보세요.

복합방향보어

복합방향보어란 단순방향동사 '上', '下', '进', '出', '回', '过', '起', '开'가 '来'나 '去'와 결합한 문장 성분을 말해요.

	上	下	进	出	回	过	起	开
来	上来	下来	进来	出来	回来	过来	起来	开来
去	上去	下去	进去	出去	回去	过去	×	开去

● 5번 반복해서 큰 소리로 읽습니다.   ① ② ③ ④ ⑤

상황 1

他站起来了。 그는 일어났어.

Tā zhàn qǐlai le.

상황 2

他刚才跑回家去了。 그는 방금 집으로 달려갔어.

Tā gāngcái pǎo huí jiā qù le.

상황 3

房间里飞进来了一只蚊子。

Fángjiān li fēi jìnlai le yì zhī wénzi.

방에 모기 한 마리가 날아 들어왔어.

단어 站 zhàn (동)(일어) 서다 ㅣ 起来 qǐlai 일어나다 ㅣ 回去 huíqu 돌아가다 ㅣ 飞 fēi (동) 날다 ㅣ
进来 jìnlai 들어오다 ㅣ 只 zhī (양) 마리 ㅣ 蚊子 wénzi (명) 모기

진짜 중국어 패턴 연습하기

☑ 다음 문장을 여러 번 반복하여 듣고 따라 읽어 보세요.

1

我们都爬上去了。 우리는 모두 올라갔어.

Wǒmen dōu pá shàngqu le.

2

孩子们都跑进教室里去了。 아이들이 모두 교실로 뛰어들어 갔어.

Háizimen dōu pǎo jìn jiàoshì li qù le.

3

爸爸从美国带回来很多礼物。

Bàba cóng Měiguó dài huílai hěn duō lǐwù.

아빠가 미국에서 많은 선물을 가지고 오셨어.

4

我买回来两瓶啤酒。 나는 맥주 두 병을 사왔어.

Wǒ mǎi huílai liǎng píng píjiǔ.

[단어] 爬 pá [동] 오르다 | 上去 shàngqu 올라가다 | 进去 jìnqu 들어가다 | 从 cóng [전] ~부터(장소나 시간의 출발점을 나타냄) | 回来 huílai 돌아오다 | 礼物 lǐwù [명] 선물 | 瓶 píng [양] 병을 세는 단위

진짜 중국어 상황 회화

☑ 상황 회화를 통해 다시 한 번 패턴을 익혀 보세요.

상황 1

糟糕！房间里飞进来了一只蚊子。
Zāogāo! Fángjiān li fēi jìnlai le yì zhī wénzi.
맙소사! 방에 모기 한 마리가 날아 들어왔어.

快喷杀虫剂，千万不要让它跑了！
Kuài pēn shāchóngjì, qiānwàn búyào ràng tā pǎo le!
빨리 모기약 뿌려, 절대 도망가게 하지 마!

상황 2

孩子们跑进大海里去了。
Háizimen pǎo jìn dàhǎi li qù le.
아이들이 바다로 뛰어들어 갔어.

没想到孩子们这么喜欢玩水。
Méi xiǎngdào háizimen zhème xǐhuan wán shuǐ.
아이들이 이렇게 물놀이를 좋아할 줄 몰랐어.

[단어] 糟糕 zāogāo 맙소사, 아차 | 喷 pēn [동] (물 등을) 뿌리다 | 杀虫剂 shāchóngjì [명] 살충제, 모기약 | 大海 dàhǎi [명] 바다

DAY 56

성구현·진준의
음원 바로 듣기

나 혼자 다 먹을 수 있어.

이걸 다?

☑ 다음 제시된 내용을 보고, 학습 전에 문장 구조를 익혀 보세요.

吃 chī	得完 de wán
回 huí	不来 bu lái
开 kāi	不了 bu liǎo

239

진짜 중국어 패턴

☑ 앞에 제시된 표현을 생각하며 오늘의 패턴을 익혀보세요.

가능보어

가능보어란 동사와 결과보어 또는 방향보어 사이에 '得'를 제시하여 '~할 수 있다'라는 가능을 나타내는 문장 성분을 말해요. 반대로 불가능을 나타내고자 한다면 '得' 대신 '不'만 쓰면 돼요.

● 5번 반복해서 큰 소리로 읽습니다.

상황 1

我一个人吃得完。　나 혼자 다 먹을 수 있어.
Wǒ yí ge rén chī de wán.

상황 2

那个时间我们回不来。　그 시간에 우리는 돌아올 수 없어.
Nà ge shíjiān wǒmen huíbulái.

상황 3

你听得懂汉语吗?　너는 중국어를 알아들을 수 있니?
Nǐ tīng de dǒng Hànyǔ ma?

단어　懂 dǒng (동) 알다, 이해하다

진짜 중국어 패턴 연습하기

☑ 다음 문장을 여러 번 반복하여 듣고 따라 읽어 보세요.

1

沙发太重了，我一个人搬不动*。

Shāfā tài zhòng le, wǒ yí ge rén bān bu dòng.

소파가 너무 무거워, 나 혼자 옮길 수 없어.

> '동사+不动'은
> 힘이 모자라 무엇을
> 들 수 없다는 표현이에요.

2

我午休时间出得来。　나는 점심 (휴식) 시간에 나올 수 있어.

Wǒ wǔxiū shíjiān chū de lái.

3

字太小了，我看不清楚。　글씨가 너무 작아서 나는 잘 안 보여.

Zì tài xiǎo le, wǒ kàn bu qīngchu.

4

我没有钥匙，开不了*门。

Wǒ méiyǒu yàoshi, kāi bu liǎo mén.

나는 열쇠가 없어서 문을 열 수가 없어.

> '동사+得了'는
> '~을 할 수 있다'는 뜻이고,
> '동사+不了'는
> '~을 할 수 없다'는 뜻이에요.

단어　沙发 shāfā 圐 소파 ┃ 搬 bān 图 옮기다 ┃ 清楚 qīngchu 圀 분명하다, 뚜렷하다 ┃ 钥匙 yàoshi 圐 열쇠 ┃ ~不了 ~ buliǎo ~할 수 없다

진짜 중국어 상황 회화

☑ 상황 회화를 통해 다시 한 번 패턴을 익혀 보세요.

상황 1

你看的电影没有字幕，你听得懂他们说什么吗？
Nǐ kàn de diànyǐng méiyǒu zìmù, nǐ tīng de dǒng tāmen shuō shénme ma?
네가 보고 있는 영화에 자막이 없네, 그 사람들이 뭐라고 하는지 알아 들어?

基本都能理解，只是一部分单词听不懂。
Jīběn dōu néng lǐjiě, zhǐshì yíbùfen dāncí tīng bu dǒng.
대체로 이해할 수 있는데, 일부 단어는 못 알아듣겠어.

상황 2

看起来很重的样子，我帮你搬吧？
Kàn qǐlai hěn zhòng de yàngzi, wǒ bāng nǐ bān ba?
무거워 보이는데 내가 도와줄까?

不用，这个东西我自己搬得动。
Búyòng, zhè ge dōngxi wǒ zìjǐ bān de dòng.
아니야, 이 물건은 나 혼자 옮길 수 있어.

[단어] 字幕 zìmù [명] 자막 | 基本 jīběn [형] 대체로, 기본적인 | 一部分 yíbùfen 일부분 | 重 zhòng [형] 무겁다 | 样子 yàngzi [명] 모양

DAY 57

나 는 한 번 가 봤어.

나 는 한 번 도 못 가 봤어...

☑ 다음 제시된 내용을 보고, 학습 전에 문장 구조를 익혀 보세요.

去过 qù guo	一次 yí cì
看了 kàn le	两遍 liǎng biàn
叫了 jiào le	两声 liǎng shēng

243

진짜 중국어 패턴

☑ 앞에 제시된 표현을 생각하며 오늘의 패턴을 익혀보세요.

동량보어

동량보어란 동사 뒤에 놓여 동작의 횟수를 나타내는 성분을 말해요. 예를 들어 '한 번 가본 적 있다'라고 표현할 때 '去过一次 qù guo yí cì'라고 하는데 우리말은 '한 번'이 앞에 붙지만, 중국어는 뒤에 붙여야 한다는 점 기억해 주세요.

● 5번 반복해서 큰 소리로 읽습니다.

상황
1

我去过一次。 나는 한 번 가 봤어.
Wǒ qù guo yí cì.

상황
2

我看了两遍这部电影。 나는 이 영화를 두 번 봤어.
Wǒ kàn le liǎng biàn zhè bù diànyǐng.

상황
3

我叫了他两声。 나는 그를 두 번 불렀어.
Wǒ jiào le tā liǎng shēng.

단어 遍 biàn ⑱ 번, 회(동작이 시작되어 끝날 때까지의 과정) | 两 liǎng ㉾ 둘, 2 | 声 shēng ⑱ 번, 마디

진짜 중국어 패턴 연습하기

다음 문장을 여러 번 반복하여 듣고 따라 읽어 보세요.

1

我们两个人见过一面。

Wǒmen liǎng ge rén jiàn guo yí miàn.

우리 두 사람은 한 번 만난 적이 있다. (단순히 얼굴 한 번 본 사이)

2

我参加过一回公务员考试。 나는 공무원 시험을 한 번 본 적 있어.

Wǒ cānjiā guo yì huí gōngwùyuán kǎoshì.

3

最近下了几场雨，凉快多了。

Zuìjìn xià le jǐ chǎng yǔ, liángkuài duō le.

요즘 비가 몇 번 내리니, 훨씬 시원해졌어.

4

我问过王丽一次。 = 我问过一次王丽。

Wǒ wèn guo Wáng Lì yí cì. Wǒ wèn guo yí cì Wáng Lì.

나는 왕리에게 한 번 물어 본 적 있어.

[단어] 回 huí [양] 번, 차례, 회 | 公务员 gōngwùyuán [명] 공무원 | 场 chǎng [양] 차례, 번(기후, 운동 경기 등의 횟수를 세는 양사) | 凉快 liángkuài [형] 시원하다 | 王丽 Wáng Lì [고유] 왕리(인명)

진짜 중국어 상황 회화

☑ 상황 회화를 통해 다시 한 번 패턴을 익혀 보세요.

상황 1

你看看这个，这家店是网红店*，最近在网上很有名。
Nǐ kànkan zhè ge, zhè jiā diàn shì wǎnghóngdiàn, zuìjìn zài wǎngshàng hěn yǒumíng.
이것 좀 봐봐, 이 가게는 핫플레이스야. 요즘 인터넷에서 아주 유명해.

啊，这家我去过一次。不过我觉得没有想象的好。
Ā, zhè jiā wǒ qù guo yí cì. Búguò wǒ juéde méiyǒu xiǎngxiàng de hǎo.
아, 여기 나 한 번 가 봤어. 그런데 나는 생각보다 별로였어.

'网红店'은 '셀럽(网红)들이 다녀가는 가게'라는 뜻으로 '핫플레이스, 인싸가게' 등으로 해석돼요.

상황 2

最近很担心就业问题，我打算准备公务员考试。
Zuìjìn hěn dān xīn jiù yè wèntí, wǒ dǎsuan zhǔnbèi gōngwùyuán kǎoshì.
요즘 취업 때문에 걱정이야, 나 공무원 시험 준비나 해볼까 해.

我参加过一回公务员考试。太累了，这世界上没有简单的事情。
Wǒ cānjiā guo yì huí gōngwùyuán kǎoshì. Tài lèi le, zhè shìjiè shàng méiyǒu jiǎndān de shìqing.
나는 공무원 시험을 한 번 본 적 있어. 너무 힘들었어. 세상에 쉬운 일이 하나도 없네.

[단어] 想象 xiǎngxiàng [동] 상상하다 | 就业 jiù yè [동] 취업하다 | 参加 cānjiā [동] 참가하다 | 简单 jiǎndān [형] 단순하다, 쉽다

DAY 58

성구현·진준의
음원 바로 듣기

우리 세 시간 동안
수다 떨었어.

와... 징하다...

☑ 다음 제시된 내용을 보고, 학습 전에 문장 구조를 익혀 보세요.

聊了 liáo le	三个小时 sān ge xiǎoshí	
看了 kàn le	两个小时 liǎng ge xiǎoshí	
唠叨了 láodao le	半天 bàntiān	

247

진짜 중국어 패턴

☑ 앞에 제시된 표현을 생각하며 오늘의 패턴을 익혀보세요.

시량보어

시량보어란 어떤 동작이 지속된 시간을 나타내는 문장 성분을 말해요. 역시 동사 뒤에 붙는다는 점 기억하세요.

● 5번 반복해서 큰 소리로 읽습니다. [1] [2] [3] [4] [5]

상황 1

我们聊了三个小时。 우리는 세 시간 동안 수다를 떨었어.

Wǒmen liáo le sān ge xiǎoshí.

상황 2

妹妹看了两个小时电视。 여동생은 두 시간 동안 TV를 봤어.

Mèimei kàn le liǎng ge xiǎoshí diànshì.

상황 3

妈妈唠*叨了我半天。

Māma láodao le wǒ bàntiān.

엄마는 나에게 한참 동안 잔소리를 하셨어.

'唠'의 성조가 사전상에는 제2성이지만 회화에서는 보통 제1성으로 바꿔 말해요.

[단어] 聊 liáo [동] 수다를 떨다, 이야기하다 | 小时 xiǎoshí [명] 시간 | 妹妹 mèimei [명] 여동생 | 唠叨 láodao [동] 잔소리하다 | 半天 bàntiān [수량] 한참 동안, 한나절

진짜 중국어 패턴 연습하기

다음 문장을 여러 번 반복하여 듣고 따라 읽어 보세요.

1

我在中国住了十五年。 나는 중국에서 15년 동안 살았어.

Wǒ zài Zhōngguó zhù le shíwǔ nián.

2

他玩了两个小时游戏。 그는 두 시간 동안 게임을 했어.

Tā wán le liǎng ge xiǎoshí yóuxì.

3

我洗了一上午衣服了*。

Wǒ xǐ le yí shàngwǔ yīfu le.

나는 오전 내내 옷을 빨고 있어.

문장 맨 마지막에 '了'를 붙이면 '지금까지도 지속되고 있다'는 뜻을 나타내요.

4

我等了你一个小时。 나는 너를 한 시간 동안 기다렸어.

Wǒ děng le nǐ yí ge xiǎoshí.

[단어] 住 zhù [동] 살다

진짜 중국어 상황 회화

☑ 상황 회화를 통해 다시 한 번 패턴을 익혀 보세요.

상황 1

我们聊了三个小时。
Wǒmen liáo le sān ge xiǎoshí.
우리는 세 시간 동안 수다를 떨었어.

你们天天见面还能聊那么久！
Nǐmen tiāntiān jiàn miàn hái néng liáo nàme jiǔ!
너희들은 매일 만나면서 그렇게 오랫 동안 할 얘기가 많구나!

상황 2

我等了你一个小时。
Wǒ děng le nǐ yí ge xiǎoshí.
나는 너를 한 시간 동안 기다렸어.

对不起！我在地铁上睡着了，所以坐过站了。
Duì buqǐ! Wǒ zài dìtiě shang shuìzháo le, suǒyǐ zuò guò zhàn le.
미안해! 지하철에서 잠이 들어서 역을 지나쳤어.

[단어] 天天 tiāntiān 매일 | 着 zháo 동사 뒤에 놓여 어떤 동작의 결과를 나타냄 | 站 zhàn [명] 역, 정류소

59

내가 컵을 깨뜨렸어.

몇 개째야!

☑ 다음 제시된 내용을 보고, 학습 전에 문장 구조를 익혀 보세요.

我
Wǒ

把
bǎ

杯子打
bēizi dǎ

安全带系
ānquándài jì

那件事忘
nà jiàn shì wàng

251

진짜 중국어 패턴

☑ 앞에 제시된 표현을 생각하며 오늘의 패턴을 익혀보세요.

把 [bǎ] ~을 / 를

把자문이란 한 대상에게 어떤 행동을 할 때 쓰는 구문이에요.
오늘은 '把' 뒤에 꼭 명사가 온다는 점만 기억하세요.

● 5번 반복해서 큰 소리로 읽습니다.   ①② ③④ ⑤

상황
1

我把杯子打碎了。　나는 컵을 깨뜨렸어.
Wǒ bǎ bēizi dǎ suì le.

상황
2

你把安全带系好。　너 안전벨트 매.
Nǐ bǎ ānquándài jì hǎo.

상황
3

我已经把那件事忘了。　나는 이미 그 일을 잊었어.
Wǒ yǐjīng bǎ nà jiàn shì wàng le.

 把 bǎ 젠 ~을/를 | 杯子 bēizi 명 컵 | 打碎 dǎ suì 동 깨뜨리다 | 安全带 ānquándài
명 안전벨트 | 忘 wàng 동 잊다

진짜 중국어 패턴 연습하기

☑ 다음 문장을 여러 번 반복하여 듣고 따라 읽어 보세요.

1

我把你的咖啡喝完了。 　내가 너의 커피를 다 마셔버렸어.
Wǒ bǎ nǐ de kāfēi hē wán le.

2

你把这篇文章读一遍。 　이 글 한 번 읽어 보세요.
Nǐ bǎ zhè piān wénzhāng dú yí biàn.

3

你能把这些工作做完吗?
Nǐ néng bǎ zhèxiē gōngzuò zuò wán ma?
당신은 이 일들을 다 끝낼 수 있나요?

> 把자문에 조동사나
> 부사 등이 올 경우 꼭
> '把' 앞에 붙여야 해요.

4

我没把东西扔掉。 　나 (그) 물건 버리지 않았는데.
Wǒ méi bǎ dōngxi rēng diào.

 篇 piān ㊇ 편(일정한 형식을 갖춘 문장을 세는 단위) | 文章 wénzhāng ㊄ 글, 문장 | 读 dú ㊉ 읽다 | 扔 rēng ㊉ 버리다

253

진짜 중국어 상황 회화

☑ 상황 회화를 통해 다시 한 번 패턴을 익혀 보세요.

상황 1

快要出发了，你把安全带系好。
Kuài yào chūfā le, nǐ bǎ ānquándài jì hǎo.
곧 출발하니까 너 안전벨트 매.

我已经系好了。
Wǒ yǐjīng jì hǎo le.
이미 맸어.

상황 2

你能把这些工作做完吗？我希望你周末之前交给我。
Nǐ néng bǎ zhèxiē gōngzuò zuò wán ma? Wǒ xīwàng nǐ zhōumò zhīqián jiāo gěi wǒ.
이 일들을 다 끝낼 수 있니? 나는 네가 주말 전에 나한테 제출하면 좋겠어.

恐怕*不可以，能不能再给我几天？
Kǒngpà bù kěyǐ, néng bu néng zài gěi wǒ jǐ tiān?
아마 안 될 것 같은데요, 며칠만 더 주실 수 있어요?

'恐怕'는 불가능하거나,
예상과는 다르게
잘 안될 거 같을 때 써요.

[단어] 交 jiāo [동] 내다, 제출하다 | 恐怕 kǒngpà [부] 아마도 | 几天 jǐ tiān 며칠

DAY 60

나 여자 친구한테 차였어.

술이나 한잔 하자.

☑ 다음 제시된 내용을 보고, 학습 전에 문장 구조를 익혀 보세요.

他 Tā		甩 shuǎi
我 Wǒ	被 bèi	淋湿 lín shī
钱包 Qiánbāo		偷 tōu

진짜 중국어 패턴

☑ 앞에 제시된 표현을 생각하며 오늘의 패턴을 익혀보세요.

被 [bèi] ~에게 ~을(를) 당하다

被자문이란 '주어가 목적어로부터 어떤 동작을 당하다'의 의미로 쓰여요. 보통 '엄마한테 맞았다, 소매치기 당했다, 여자 친구에게 차이다' 등과 같이 부정적인 상황에 많이 써요.

● 5번 반복해서 큰 소리로 읽습니다. [1] [2] [3] [4] [5]

상황 1

他被女朋友甩了。 그는 여자 친구한테 차였어.
Tā bèi nǚpéngyou shuǎi le.

상황 2

我没被雨淋湿。 나는 비에 젖지 않았어.
Wǒ méi bèi yǔ lín shī.

상황 3

她的钱包被偷了。 그녀의 지갑은 도둑 맞았어.
Tā de qiánbāo bèi tōu le.

[단어] 被 bèi [전] ~에 당하다, ~에게 ~을 당하다 | 甩 shuǎi [동] 차이다 | 淋 lín [동] (비에) 젖다, 맞다 | 湿 shī [형] 적시다, 축축하다 | 偷 tōu [동] 훔치다

진짜 중국어 패턴 연습하기

☑ 다음 문장을 여러 번 반복하여 듣고 따라 읽어 보세요.

1

他被蛇咬过。　그는 뱀에게 물린 적이 있어.
Tā bèi shé yǎo guo.

2

我被成老师骗过很多次。　나는 성 쌤한테 여러 번 속았어.
Wǒ bèi Chéng lǎoshī piàn guo hěn duō cì.

3

> 被자문에서 조동사,
> 부사, 부정부사 등은 꼭
> '被' 앞에 써야 해요.

这个广告一定能*被观众记住。
Zhè ge guǎnggào yídìng néng bèi guānzhòng jì zhù.
이 광고는 틀림없이 시청자들에게 기억될 거예요.

4

我闯红灯被罚款了。　나는 빨간불을 무시해서 벌금을 물었어.
Wǒ chuǎng hóngdēng bèi fá kuǎn le.

단어　蛇 shé 몡 뱀 | 咬 yǎo 통 물다, 깨물다 | 骗 piàn 통 속이다, 기만하다 | 广告 guǎnggào
몡 광고 | 一定 yídìng 튀 반드시, 틀림없이 | 观众 guānzhòng 몡 시청자 | 闯 chuǎng
통 뛰어들다 | 红灯 hóngdēng 몡 빨간불, 빨간 신호등 | 罚款 fá kuǎn 통 벌금을 내다

진짜 중국어 상황 회화

☑ 상황 회화를 통해 다시 한 번 패턴을 익혀 보세요.

상황 1

他又被女朋友甩了，这都多少次了？
Tā yòu bèi nǚpéngyou shuǎi le, zhè dōu duōshǎo cì le?
쟤 또 여자 친구에게 차였어, 이게 도대체 몇 번째야?

他每次恋爱都不超过两个月。
Tā měi cì liàn'ài dōu bù chāoguò liǎng ge yuè.
그는 매번 연애할 때마다 두 달을 넘기지 못하는구나.

상황 2

我闯红灯被罚款了。
Wǒ chuǎng hóngdēng bèi fá kuǎn le.
나는 빨간불을 무시해서 벌금을 물었어.

以后不要再违反交通规则。
Yǐhòu búyào zài wéifǎn jiāotōng guīzé.
앞으로 다시는 교통 규칙을 위반하지 마.

[단어] 恋爱 liàn'ài [동] 연애하다 | 超过 chāoguò [동] 넘기다, 초과하다 | 违反 wéifǎn [동] 위반하다 | 交通 jiāotōng [명] 교통 | 规则 guīzé [명] 규칙

연습문제 Ⅵ

☑ 우리말에 맞게 중국어로 써 본 후 문장을 읽어 보세요.

1 도대체 누가 그러니? （到底）

➡ _____ 。

2 그는 긴장한 나머지 말도 못 해. （紧张得）

➡ _____ 。

3 이 온라인 쇼핑몰의 상품이 다 팔렸어. （光）

➡ _____ 。

4 나 셀카봉 하나 가져왔어. （带来了）

➡ _____ ?

5 방에 모기 한 마리가 날아 들어왔어. （飞进来了）

➡ _____ 。

6 나 혼자 다 먹을 수 있어. （吃得完）

➡ _____ 。

7 우리 두 사람은 한 번 만난 적이 있어. （见过一面）

➡ _____ 。

8 우리는 세 시간 동안 수다를 떨었어. （三个小时）

➡ _____ 。

9 너 안전벨트 매. （把）

➡ _____ 。

10 그는 여자 친구한테 차였어. （被）

➡ _____ 。

➔ 정답 p.273

"내가 너보다 더 멋있다"

→ 我比你很帅!　✗ 땡!

→ 我比你还帅!　○

'我比你很帅!'라고 하면 물론 알아는 들어요. 회화에서는
사실 전혀 문제 없습니다. 그런데 알아듣고 이렇게 생각할 거예요.
'아... 한국인이구나, 잘못 배웠네.'
비교문에는 '很'과 '非常' 같이 '아주, 매우'의 뜻을 가진 표현은
절대 쓸 수 없어요.
'내가 너보다 훨씬 멋있다'는 '我比你帅多了', '내가 너보다 좀
멋있다'는 '我比你帅一点儿', '내가 너보다 더 멋있다'는
'我比你还(更)帅'라고 표현해야 합니다.
이것만 알아두면 비교문은 마스터한 거예요.

중국어의
발음

- ◉ 우리가 배우는 중국어
- ◉ 중국어 발음
- ◉ 중국어 손가락 숫자
- ◉ 중국어의 인칭 대명사

우리가 배우는 중국어

한어

중국 사람들은 중국어를 '한어(汉语 Hànyǔ)'라고 하는데, 이는 중국 인구 중 90% 이상을 차지하는 한족(汉族 Hànzú)이 쓰는 언어라는 의미입니다.

보통화

중국은 국토가 넓고 한족과 소수 민족으로 구성된 다민족 국가이기 때문에 서로 무슨 말을 하는지 못 알아듣는다고 합니다. 이를 해결하기 위해 만든 표준어가 바로 보통화(普通话 pǔtōnghuà) 입니다.

간체자

중국에서는 복잡한 한자를 간단하게 만든 글자인 '간체자(简体字)'를 씁니다. 반면 우리나라와 홍콩, 타이완에서 쓰고 있는 한자는 번체자(繁体字)라고 합니다.

马	馬
간체자	번체자

한어병음

중국어를 처음 학습할 때 한자만 보고 발음하기 어렵기 때문에 로마자로 발음을 표기하는데, 이를 '한어병음(汉语拼音)'이라고 합니다. 한어병음은 '성모(声母)'와 '운모(韵母)', '성조(声调)'로 구성되어 있습니다.

성조

'성조(声调 shēngdiào)'는 음의 높낮이를 말하며, 총 네 개가 있습니다.

성조	성조 표기 방법	발음 방법	예시
제1성	ā	고음으로 시작하여 같은 음으로 끝까지 이어줍니다.	mā 妈 엄마, 어머니
제2성	á	중간 음에서 시작하여 고음으로 끌어 올려 줍니다.	má 麻 삼베
제3성	ǎ	낮은 음에서 시작하여 가장 낮은 음으로 떨어뜨렸다가 다시 중간 음으로 끌어 올려 줍니다.	mǎ 马 말
제4성	à	가장 높은 음에서 가장 낮은 음으로 내려 줍니다.	mà 骂 꾸짖다

중국어 발음

성모

성모는 중국어 음절의 첫 부분에 오는 자음을 말하며, 총 21개가 있습니다.

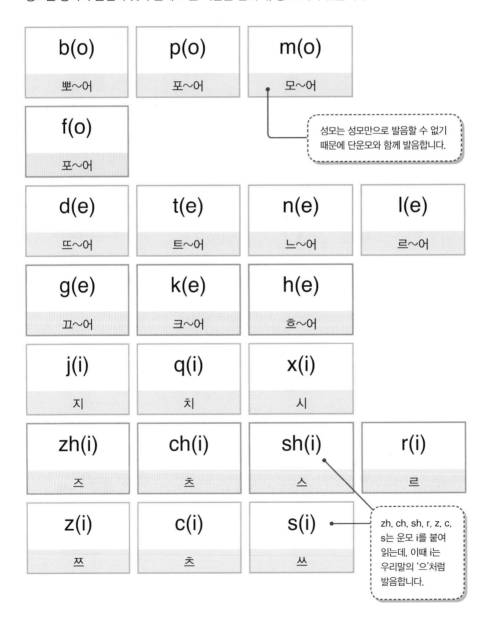

b(o)	p(o)	m(o)
뽀~어	포~어	모~어

f(o)
포~어

> 성모는 성모만으로 발음할 수 없기 때문에 단운모와 함께 발음합니다.

d(e)	t(e)	n(e)	l(e)
뜨~어	트~어	느~어	르~어

g(e)	k(e)	h(e)
끄~어	크~어	흐~어

j(i)	q(i)	x(i)
지	치	시

zh(i)	ch(i)	sh(i)	r(i)
즈	츠	스	르

z(i)	c(i)	s(i)
쯔	츠	쓰

> zh, ch, sh, r, z, c, s는 운모 i를 붙여 읽는데, 이때 i는 우리말의 '으'처럼 발음합니다.

◆ 운모

운모는 우리 말의 모음에 해당하는 부분으로, 성모를 제외한 나머지 부분을 말하며 총 36개로 이루어져 있습니다.

a 아	ai	ao	an	ang
	아~이	아~오	안	앙

o 오	ou	ong		
	오~우	옹		

성모 없이 i로 시작하는 경우에는 i 대신 y를 쓰고, i가 단독으로 쓰일 때는 yi로 표기합니다.

e 으~어	ei	en	eng	er
	에~이	으언	으엉	얼

i 이	ia (ya)	ie (ye)	iao (yao)	iou (you)	ian (yan)
	이야	이예	이야오	이여우	이앤
	in (yin)	iang (yang)	ing (ying)	iong (yong)	
	인	이양	잉	이용	

성모 없이 u로 시작하는 경우에는 u 대신 w를 쓰고, u가 단독으로 쓰일 때는 wu로 표기합니다.

u (wu) 우	ua (wa)	uo (wo)	uai (wai)	uei (wei)
	우와	우워	우와이	우웨이
	uan (wan)	uen (wen)	uang (wang)	ueng (weng)
	우완	우원	우왕	우웡

ü (yu) 위	üe (yue)	üan (yuan)	ün (yun)
	위예	위옌	윈

ü가 성모 없이 단독으로 쓰일 때는 ü 대신 yu로 표기합니다.

265

경성

경성은 본래의 성조가 변하여 짧고 가볍게 내는 소리입니다. 경성은 성조 표기를 하지 않으며,
앞 음절의 성조에 따라 높이가 달라집니다.

성조	발음 방법	예시
제1성 + 경성	제1성 뒤의 경성은 낮은 음으로 발음합니다.	māma 妈妈 엄마, 어머니
제2성 + 경성	제2성 뒤의 경성은 중간 음으로 발음합니다.	yéye 爷爷 할아버지
제3성 + 경성	제3성 뒤의 경성은 높은 음으로 발음합니다.	nǎinai 奶奶 할머니
제4성 + 경성	제4성 뒤의 경성은 가장 낮은 음으로 발음합니다.	bàba 爸爸 아빠, 아버지

제3성의 성조 변화

1 제3성+제3성

제 3성의 성조가 연속으로 나올 경우 앞의 제3성은 제2성으로 읽습니다.
단 성조 표기는 그대로 제3성으로 합니다.

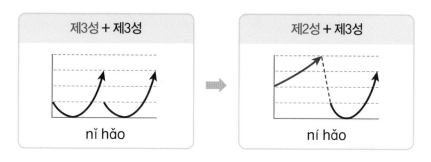

2 반3성(제3성+제1성, 제2성, 제4성, 경성)

제3성 뒤에 제1성, 제2성, 제4성, 경성이 오면 앞의 제3성은 발음하기 쉽도록 앞부분의
내려가는 부분만 발음되고, 올라가는 부분은 발음하지 않는데 이를 반3성이라고 합니다.
단, 성조 표기는 그대로 제3성으로 합니다.

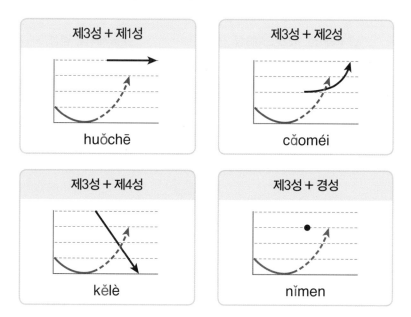

不 bù의 성조 변화

'不 bù'는 제1성, 제2성, 제3성 앞에서는 본래의 성조인 제4성으로 발음하고, 제4성 앞에서는 제2성으로 읽습니다. 성조 표기는 바뀐 성조로 표기합니다.

bù + 제1성, 제2성, 제3성	bù + 제4성
bù hē	bú qù
bù lái	bú shì
bù mǎi	bú kèqi

一 yī의 성조 변화

'一 yī'는 원래 제1성이지만, 뒤에 제1성, 제2성, 제3성이 오면 제4성 'yì'로 발음하고, 뒤에 제4성, 경성이 오면 제2성 'yí'로 발음합니다.

yī + 제1성, 제2성, 제3성	yī + 제4성, 경성
yì bān	yídàn
yì zhí	yígòng
yì bǎi	yí ge

한어병음 표기 규칙

1 성조는 운모 위에 표기하며, 운모가 두 개 이상일 경우에는 다음과 같은 순서로 표기합니다. 단 i, u와 함께 있는 경우 뒤에 있는 모음 위에 성조를 표기합니다.

| a | > | o, e | > | i, u, ü |

hǎo   zuò   xiě   huí   jiǔ   lüè

2 운모 i에 성조를 표기할 경우에는 i 위의 점은 생략합니다.

qī   xǐ   nín

3 j, q, x 뒤에 ü가 올 경우 ü의 두 점을 생략합니다.

j + ü → ju   q + ü → qu   x + ü → xu

4 운모 iou, uei, uen이 성모와 함께 쓰일 경우 가운데 모음은 생략합니다.

l + iou → liu   d + uei → dui   h + uen → hun

중국어 손가락 숫자

☑ 중국어로 숫자 표현을 알아 보세요.

一 yī
하나, 1

二 èr
둘, 2

三 sān
셋, 3

四 sì
넷, 4

五 wǔ
다섯, 5

六 liù
여섯, 6

七 qī
일곱, 7

八 bā
여덟, 8

九 jiǔ
아홉, 9

十 shí
열, 10

중국어의 인칭 대명사

✅ 중국어의 인칭 대명사를 알아 보세요.

我 wǒ 나

你 nǐ 너

他 tā 그

她 tā 그녀

我们 wǒmen 우리

你们 nǐmen 너희

他们 tāmen 그들

她们 tāmen 그녀들

연습문제 정답

연습문제 I

연습문제 I

1. 我去。
2. 我吃饭。
3. 我买手机。
4. 他不接电话。
5. 你写邮件吗？
6. 他不是医生。
7. 这是今年的新款，非常贵。
8. 我有钱。
9. 哥哥在网吧。
10. 你做兼职吗？

연습문제 II

1. 我喜欢夏天，讨厌冬天。
2. 我不觉得他们合适。
3. 我以为你喜欢我。
4. 你是不是韩国人？
5. 你有没有蓝牙耳机？
6. 你心情怎么样？
7. 你吃饭，还是吃面包？
8. 那是谁的主意？
9. 你找我有什么事？
10. 洗手间在哪儿？

연습문제 III

1. 你大概什么时候到？
2. 北京站怎么走？
3. 你为什么这么懒？
4. 我想当咖啡师。
5. 我要减肥。
6. 你会喝酒吗？
7. 我能帮助你。
8. 这儿不可以拍照。
9. 你在听我说话吗？
10. 他没发短信。

연습문제 IV

1. 我有男朋友了。
2. 电视没开着。
3. 我们以前见过。
4. 我快要笑死了。
5. 今年夏天比以前热。
6. 我不如他细心。
7. 我跟你一样喜欢吃美食。
8. 网上的价格跟实体店差不多。
9. 那种风格的衣服越来越流行了。
10. 雨越下越大。

1. 别喝太多酒。
2. 他可能喜欢你。
3. 衣服太脏了。
4. 我经常网购。
5. 我周末一直窝在家里。
6. 快递还没发货。
7. 我的电脑突然关了。
8. 今天是情人节，难怪这么热闹。
9. 他才工作了一年。
10. 这台冰箱已经很旧了。

1. 到底谁说的?
2. 他紧张得不能说话。
3. 这家网店的商品卖光了。
4. 我带来了一个自拍杆。
5. 房间里飞进来了一只蚊子。
6. 我一个人吃得完。
7. 我们两个人见过一面。
8. 我们聊了三个小时。
9. 你把安全带系好。
10. 他被女朋友甩了。

Memo

Memo

Memo